핵심만 쏙쏙 왕초보도 한방에 합격

GTQ

포토샵 2급   Adobe Photoshop CS4
영문/한글 공용

초판 발행일 | 2019년 04월 30일
저자 | 해람북스 기획팀, 김성훈
펴낸이 | 박재영
총편집인 | 이준우
기획진행 | 유효섭, 김미경
㈜해람북스 주소 | 서울시 마포구 양화로 125, 8층 (서교동, 경남관광빌딩)
문의전화 | 02-6337-5419 팩스 02-6227-1334
홈페이지 | http://www.hrbooks.co.kr
발행처 | (주)에듀파트너 **출판등록번호** | 제2016-000047호
ISBN 979-11-88450-32-9

이 책은 저작권법에 따라 보호받는 저작물이므로 무단전재와 무단복제를 금지하며,
이 책 내용의 전부 또는 일부를 이용하려면 반드시 저작권자와 (주)에듀파트너의 서면동의를 받아야 합니다.

※ 잘못된 책은 바꾸어 드립니다.
※ 책 가격은 뒷면에 있습니다.

GTQ 시험 정보

GTQ 포토샵 2급 CS4

1. GTQ(Graphic Technology Qualification, 그래픽 기술 자격)
- GTQ는 컴퓨터 그래픽 디자인 능력을 평가하는 국가 공인 자격시험입니다.
- 사진 및 각종 이미지 편집, 웹디자인 등 디자인에 있어 가장 기본이 되는 역량을 추출하고 조합하여 포토샵 등의 디자인 프로그램을 활용하여 평가합니다.

2. 자격 특징
- 실무의 활용성을 높이기 위해 "실기" 시험 방식을 채택하였습니다. (이론 시험 제외)
- 국내 최초 국가 공인 그래픽 기술 자격입니다.
- 국제 IT자격으로도 상호 인증되어 전 세계 50개국에서 GTQ를 그래픽 자격으로 인정합니다.
- 전 국민 대상의 디자인 그래픽 기술 소양 자격으로 포지셔닝 되었습니다.

3. 국제 자격으로 인정받는 GTQ
- 국내 그래픽 자격 최초로 국가 공인 자격 + 국제 자격으로 인증되었습니다.
- 국가 공인 GTQ를 취득한 후 국제 IT자격 ICDL 1과목 이상을 취득하면 국제 IT자격 ICDL M9, Image Editing으로 추가 발급받을 수 있습니다. (단, GTQ 일러스트 자격은 국제 자격으로 상호 인증이 불가합니다.)

4. 시험 과목

자격종목(과목)	등급	문항 및 시험 방법	시험 시간	S/W Version
GTQ 그래픽 기술 자격	1급	4문항 실무작업형 실기시험	90분	① Adobe Photoshop CS4(한글, 영문) 이상 ② 한컴 EzPhoto3 up(한글) → 2, 3급만 해당 ①, ② 중 선택
	2급			
	3급	3문항 실무작업형 실기시험	60분	

※ 그 외 버전(CS3, CS5, CS6) 응시는 지역센터 별도 문의 바랍니다.
※ 시험 접수 기간에 고사장별로 응시 가능한 S/W 버전을 확인하실 수 있습니다.

5. 출제 기준(GTQ 2급)

❶ Tool(도구) 활용 ▶ 20점

Tool을 이용한 이미지 복제 및 변형, 문자효과
- Stamp(도장) / Eraser(이미지 수정)
- Type Tool(문자 도구) / Layer Style(이미지 효과)
- (Free)Transform(변형) / Brush Tool(브러쉬)
- Tool Box(도구상자)

❷ 사진편집 기초 ▶ 20점

이미지 색상 / 명도 조절 및 필터 등을 이용한 액자 제작
- Hue(색조) / Saturation(채도) / Color Balance(색상 균형)
- Bright(명도) / Contrast(대비) / Type Tool(문자 도구)
- Layer Style(이미지 효과) / Selection Tool(선택 도구)
- Filter(필터) / Eraser Tool(지우개 도구)
- Stamp Tool(도장 도구) / Tool Box(도구 모음)

❸ 사진편집 ▶ 25점

레이어 편집 및 문자를 이용한 효과 등
- Layer Mask(레이어 마스크) / Shape Tool(모양 도구)
- Stamp Tool(도장 도구) / Tool Box(도구 모음)
- Type Tool(문자 도구) / Layer Style(이미지 효과)
- Mask(마스크)

❹ 이벤트 페이지 제작 ▶ 35점

상기 문제의 요소들을 활용한 이벤트 페이지 제작
- Gradient(그라디언트) / Pattern Overlay(패턴 오버레이)
- Paint(페인트) / Tool Box(도구 모음)
- Shape Tool(모양 도구) / Pen Tool(펜 도구)
- Type Tool(문자 도구) / Layer Style(이미지 효과)
- Layer Mask(레이어 마스크) 등

6. 합격 결정 기준

자격종목(과목)	등급	합격 기준
GTQ 그래픽 기술 자격	1급	100점 만점 70점 이상
	2급	100점 만점 60점 이상
	3급	

7. 응시료

자격종목(과목)	1급	2급	3급
일반 접수	28,000원	19,000원	12,000원
군장병 접수	22,000원	15,000원	9,000원

※ 부가가치세 포함 및 결제대행수수료 1,000원 별도 금액

8. 시험 시간

교시	등급	입실시간	시험시간	비고
1교시	1급	08:50까지	09:00~10:30	정기시험 기준
	2급		09:00~10:30	
	3급		09:00~10:00	
2교시	1급	10:50까지	11:00~12:30	
	2급		11:00~12:30	
	3급		11:00~12:00	

※ 정기시험 기준으로 시험일정에 따라 변경될 수 있습니다.

9. 지역센터 안내

지역센터	해당 지역	전화번호	주소
서울남부지역센터	강서구,양천구,영등포구,구로구,금천구,관악구,동작구,서초구	02-2607-9402	서울특별시 양천구 오목로 189
서울동부지역센터	도봉구,강북구,노원구,중랑구,동대문구,성동구,광진구	02-972-9402	서울특별시 중랑구 동일로 946 신도브래뉴오피스텔 4층 420호
서울서부지역센터	은평구,종로구,서대문구,마포구,중구,용산구,성북구	02-719-9402	서울특별시 마포구 독막로 331 마스터즈타워 2306호
서울강남지역센터	강남구,송파구,강동구	02-2226-9402	서울특별시 강남구 개포로 668 강남빌딩 4층
인천지역센터	인천시(강화군 제외)	032-421-9402	인천광역시 남동구 남동대로 935 리더스타워 A동 902호
경기북부지역센터	고양시,의정부,동두천,파주,남양주,연천,포천,가평,양주,양평,구리	031-853-9408	경기도 의정부시 추동로 9 휴먼시티빌딩 509호
경기동부지역센터	성남시,용인시,하남시,광주시,이천시,여주군	031-781-9401	경기도 성남시 분당구 판교로592번길 33 1층

지역센터	해당 지역	전화번호	주소
경기남부지역센터	수원시,평택시,오산시,화성시,안성시	031-236-9402	경기도 수원시 영통구 영통로 217번길 11 명성빌딩 4층
경기중부지역센터	안양시,과천시,군포시,의왕시,안산시	031-429-9402	경기도 군포시 군포로 787-1 3층
경기서부지역센터	부천시,김포시,시흥시,광명시,인천광역시 강화군	032-323-9402	경기도 부천시 부흥로 339 스타오피스센터 101동 B01호
강원지역센터	강원도내 전지역	033-731-9402	강원도 원주시 황금로 2 센트럴파크원 5층 404호
대전지역센터	대전시,공주시,청양군,보령시,부여군,논산시, 계룡시,서천군,금산군,세종시	042-222-9402	대전광역시 중구 대흥로 20 선교빌딩 602호
충청북부지역센터	천안시,아산시,당진군,예산군,서산시,홍성군, 태안군,음성군,괴산군,충주시,제천시,단양군	041-556-9402	충청남도 천안시 서북구 1공단1길 52 센트하임 2층
충북지역센터	진천군,증평군,청주시,보은군,옥천군,영동군	043-268-9402	충청북도 청주시 흥덕구 덕암로 28 1층
부산동부지역센터	금정구,동래구,해운대구,수영구,남구,기장군	051-313-9402	부산광역시 해운대구 해운대로 143번길 32 3층
부산서부지역센터	부산진구,북구,사상구,강서구,동구,서구,중구, 사하구,연제구,영도구	051-465-9402	부산광역시 연제구 명륜로 10 한양타워빌 801호
경남지역센터	경남도내 전지역(밀양, 양산시 제외)	055-762-9402	경상남도 진주시 범골로 60번길 26 센텀타워빌딩 3층
울산지역센터	울산시 전지역, 경남도내(밀양, 양산)	052-223-9402	울산광역시 남구 북부순환도로 17 남운프라자OP 8층
대구지역센터	경산시(경북),대구시(달서구, 동구,남구,중구, 수성구)	053-622-9402	대구광역시 달서구 달구벌대로 301길 14 3층
대구경북서부지역센터	구미시,김천시,상주시,칠곡군,대구시(북구, 서구),고령군, 성주군, 청도군	054-451-9402	경상북도 구미시 신시로 14 진덕빌딩 6층
경북북부지역센터	안동시,영주시,문경시,예천군,의성군,군위군, 봉화군,영양군,청송군	054-841-9402	경상북도 안동시 경북대로 391
경북동부지역센터	포항시,경주시,영천시,울진군,영덕군,울릉군	054-277-9402	경상북도 포항시 북구 양학로 70-30 보성상가 2층
전북지역센터	전북도내 전지역	063-286-9402	전라북도 전주시 완산구 우전로 334 노스페이스 전주신도시점 3층
광주지역센터	남구,동구,북구,서구	062-603-4403	광주광역시 서구 매월2로 53 산업용재유통센터 29-209
전남서부지역센터	목포시,무안군,영암군,장흥군,강진군,해남군, 완도군,진도군,신안군	061-283-9402	전라남도 목포시 통일대로 37번길 38 2층
전남동부지역센터	순천시,광양시,보성군,고흥군,여수시	061-745-9402	전라남도 순천시 백연길 86 2층
광주전남북부지역센터	광주광역시(광산구),담양군, 장성군, 화순군, 영광군,함평군,곡성군,구례군,나주시	062-973-9402	광주광역시 북구 첨단과기로 313 하이테크센터 506호
제주지역센터	제주도내 전지역	064-726-9402	제주특별자치도 서광로 289-1 하니빌딩 2층

10. 원서 접수 방법(인터넷)

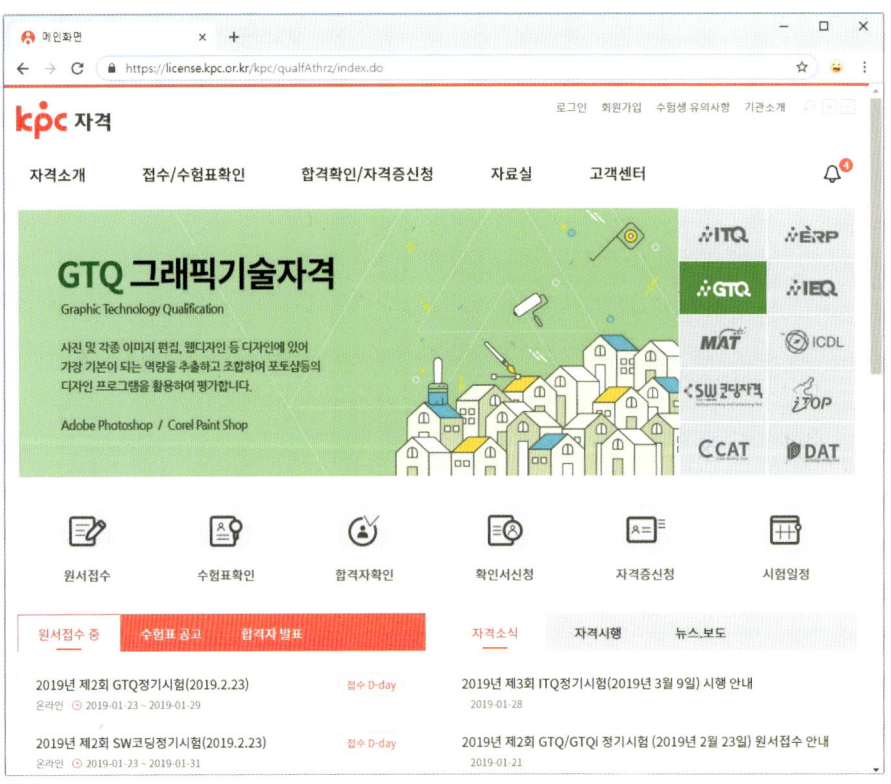

사이트 접속 1. KPC 자격 사이트(https://license.kpc.or.kr)에 접속합니다.

로그인 2. 회원 가입을 한 후 아이디와 비밀번호를 입력하여 로그인합니다.

원서접수 클릭 3. 사이트 메인 페이지의 [원서접수] 아이콘을 클릭합니다.

시험종류 선택 4. 응시하려는 시험의 [원서접수신청] 버튼을 클릭합니다.

개인정보 확인 5. 개인정보를 확인한 후 변경하려면 [개인정보변경] 버튼을 클릭합니다.

사진 등록 6. 최근 6개월 이내에 촬영한 본인 사진을 등록합니다.

고사장 선택 7. 응시할 지역을 선택한 후 원하는 고사장을 선택합니다.

시험과목, SW 선택 8. 고사장 SW 지원 현황을 확인한 후 시험과목과 SW를 선택합니다.

결제 9. 원서접수 내역을 확인한 후 결제 과정을 진행하면 원서 접수가 완료됩니다.

11. 시험 당일은 이렇게 하세요.

❶ 신분증, 수험표, 필기구를 꼭 챙겨야 됩니다.

신분증(20세 이상)	주민등록증, 여권, 운전면허증, 학생증, KPC자격증(ITQ, ERP, GTQ, IEQ, SMAT, S/W 코딩)
신분증(19세 이하)	주민등록증, 주민등록 초본, 가족관계증명서, 여권, 학생증, 건강보험증, KPC자격증(ITQ, ERP, GTQ, IEQ, SMAT, S/W 코딩)

※ 만약 신분증을 지참하지 않은 경우 고사실 감독관을 통해 안내받으시기 바랍니다.

❷ 시험장에 도착하면 건물 출입구에 부착된 안내문에서 본인의 고사실과 좌석 번호를 확인합니다.(수험표에는 고사실만 기재되어 있음)

❸ 시험 시작 "10분 전까지" 입실을 완료하여 지정된 좌석에 앉습니다. 입실 완료 시간 이후에는 입실이 불가합니다.

교시	등급	입실시간	시험시간
1교시	1/2급	08:50	09:00~10:30
2교시		10:50	11:00~12:30
3교시		13:20	13:30~15:00
1교시	3급	08:50	09:00~10:00
2교시		10:50	11:00~12:00
3교시		13:20	13:30~14:30

❹ 고사실 입실 후 포토샵 프로그램 버전을 확인하고 실행하여 이상이 없는지 확인합니다. 또한 모니터, 키보드, 마우스 등 PC의 이상 여부도 확인합니다. 이상이 있으면 감독관에게 말씀하시기 바랍니다.

❺ 시험 시작 전 10여 분간 신분증 확인, 시험 유의사항 전달, 문제지 배부 등이 진행됩니다. 문제지를 받는 즉시 과목 및 급수가 맞는지 확인한 후 수험번호와 성명을 기재합니다.

❻ 모니터 화면에 본인의 수험번호(8자리 숫자)를 입력한 후에 [확인] 단추를 클릭합니다.

❼ 감독관의 시작 알림과 함께 시험이 시작됩니다. GTQ 2급의 경우 시험시간은 90분입니다.

❽ 문제는 총 4문제이며, 한꺼번에 답안을 전송해도 되지만, 각 문제를 풀고 나면 답안을 전송하는 것이 좋습니다.

❾ 시험 종료 후 감독관의 안내에 따라 답안 전송 프로그램(KOAS)의 [시험 종료] 단추를 클릭하고 퇴실하면 됩니다.

❿ 성적 공고 및 자격증 신청은 20여일 후에 KPC 자격 사이트(https://license.kpc.or.kr)에서 할 수 있습니다.

이 책의 차례

GTQ 포토샵 2급 CS4

Part 01. 포토샵 CS4 필수 기능

Chapter 01 포토샵 CS4 살펴보기 · 011
- Section 01 포토샵 CS4 작업 영역 · 012
- Section 02 도구 패널 살펴보기 · 013
- Section 03 레이어 패널 살펴보기 · 020
- Section 04 작업 내역 패널 살펴보기 · 022
- Section 05 새 문서 만들고 저장하기 · 024
- Section 06 답안 파일 전송 방법 · 029

Chapter 02 선택 영역 지정하기 · 033
- Section 01 선택 윤곽 도구로 선택 영역 지정 · 034
- Section 02 올가미 도구로 선택 영역 지정 · 039
- Section 03 빠른 선택 도구로 선택 영역 지정 · 045

Chapter 03 이미지 편집하기 · 051
- Section 01 이미지 회전하기 · 052
- Section 02 이미지 자유 변형하기 · 057
- Section 03 이미지 색상 보정하기 · 060
- Section 04 이미지에 필터 적용하기 · 064

Chapter 04 모양 그리기 및 꾸미기 · 071
- Section 01 모양 그리기 · 072
- Section 02 모양에 레이어 스타일 적용하기 · 079

Chapter 05 문자 입력하기 및 꾸미기 · 089
- Section 01 문자 입력하기 · 090
- Section 02 문자에 레이어 스타일 적용하기 · 094
- Section 03 텍스트 변형하기 · 101

Chapter 06 레이어 활용하기 · 105
- Section 01 레이어 마스크 · 106
- Section 02 클리핑 마스크 · 111

CONTENTS

Part 02. 실전모의고사

제 01 회 실전모의고사 120
제 02 회 실전모의고사 124
제 03 회 실전모의고사 128
제 04 회 실전모의고사 132
제 05 회 실전모의고사 136
제 06 회 실전모의고사 140
제 07 회 실전모의고사 144
제 08 회 실전모의고사 148
제 09 회 실전모의고사 152
제 10 회 실전모의고사 156

Part 03. 최신기출문제

제 01 회 최신기출문제 162
제 02 회 최신기출문제 166
제 03 회 최신기출문제 170
제 04 회 최신기출문제 174
제 05 회 최신기출문제 178

부록 PDF 제공 정답풀이 및 해설

PART 01

포토샵 CS4 필수 기능

Graphic Technology Qualification

CHAPTER 01
포토샵 CS4 살펴보기

Section 01   포토샵 CS4 작업 영역

Section 02   도구 패널 살펴보기

Section 03   레이어 패널 살펴보기

Section 04   작업 내역 패널 살펴보기

Section 05   새 문서 만들고 저장하기

Section 06   답안 파일 전송 방법

Section 01 포토샵 CS4 작업 영역

포토샵 CS4 프로그램의 전체적인 작업 영역과 각 구성 요소에 대해 살펴보겠습니다. 처음부터 프로그램의 모든 요소들을 정확하게 알아야 하는 것은 아니지만, 전체적으로 눈에 익혀 두면 앞으로 학습할 때 여러모로 도움이 될 것입니다.

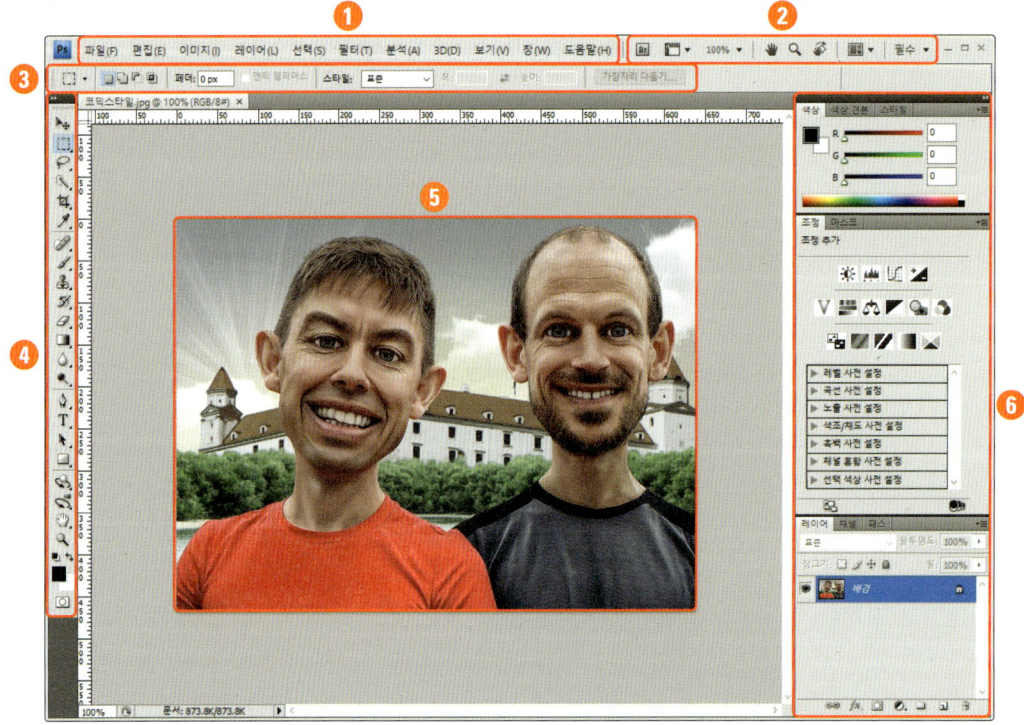

❶ **메뉴 바(Menu bar) :** 포토샵의 모든 주요 기능이 포함된 메뉴 막대로, 파일, 편집, 이미지, 레이어, 선택, 필터, 분석, 3D, 보기, 창, 도움말과 같이 11개의 메뉴가 있습니다.

❷ **애플리케이션 바(Application bar) :** Bridge 시작, 표시자 보기, 확대/축소 레벨, 손 도구, 돋보기 도구, 회전 보기 도구, 문서 정렬 등의 기능이 아이콘 형태로 구성되어 빠르게 실행할 수 있습니다.

❸ **옵션 바(Options bar) :** 도구 패널에서 선택한 도구의 세부적인 옵션을 설정하며, 선택한 도구에 따라 다르게 표시됩니다.

❹ **도구 패널(Tools panel) :** 주요 도구들을 편리하게 사용할 수 있도록 아이콘 형태로 표시한 것으로, 도구 상자(Tools box)라고도 합니다.

❺ **캔버스(Canvas) :** 실제 이미지 편집 작업이 이루어지는 공간입니다.

❻ **패널(Panel) :** 색상 패널, 조정 패널, 레이어 패널 등 자주 사용하는 기능들이 그룹별로 모여 있습니다.

Section 02 도구 패널 살펴보기

도구 패널은 이미지 편집 작업시 가장 자주 사용하는 중요한 요소입니다. 도구의 종류가 매우 많지만, 시험에서 주로 사용되는 도구는 10개 이내입니다. 빠른 이미지 편집 작업을 위해서는 주요 도구들의 위치와 기능을 정확하게 알고 있어야 합니다. 도구 패널에 대해 살펴보겠습니다.

1 도구 패널(Tools panel)의 구성 요소

이동 도구(Move Tool) ①
② 선택 윤곽 도구(Marquee Tool)
올가미 도구(Lasso Tool) ③
④ 빠른 선택 도구(Quick Selection Tool)
자르기 도구(Crop Tool) ⑤
⑥ 스포이드 도구(Eyedropper Tool)
스팟 복구 브러쉬 도구(Spot Healing Brush Tool) ⑦
⑧ 브러쉬 도구(Brush Tool)
복제 도장 도구(Clone Stamp Tool) ⑨
⑩ 작업 내역 브러쉬 도구(History Brush Tool)
지우개 도구(Eraser Tool) ⑪
⑫ 그라디언트 도구(Gradient Tool)
흐림 효과 도구(Blur Tool) ⑬
⑭ 닷지 도구(Dodge Tool)
펜 도구(Pen Tool) ⑮
⑯ 문자 도구(Type Tool)
패스 선택 도구(Path Selection Tool) ⑰
⑱ 사각형 도구(Rectangle Tool)
3D 회전 도구(3D Rotate Tool) ⑲
⑳ 3D 궤도 도구(3D Orbit Tool)
손 도구(Hand Tool) ㉑
㉒ 돋보기 도구(Zoom Tool)
기본 전경색과 배경색(Default Colors Icon) ㉓
㉔ 전경색과 배경색 전환(Switch Colors Icon)
전경색 설정(Set Foreground Color) ㉕
㉖ 배경색 설정(Set Background Color)
빠른 마스크 모드로 편집(Edit in Quick Mode) ㉗

2 각 도구(Tools)별 기능

❶ 이동 도구(Move Tool)

- 선택 영역이나 레이어를 이동합니다.

❷ 선택 윤곽 도구(Marquee Tool)

```
■ [ ] 사각형 선택 윤곽 도구  M
  ○  원형 선택 윤곽 도구    M
  ═   단일 행 선택 윤곽 도구
  ▯   단일 열 선택 윤곽 도구
```

- 사각형 선택 윤곽 도구(Rectangular Marquee Tool) : 사각형 선택 영역을 만듭니다.
- 원형 선택 윤곽 도구(Elliptical Marquee Tool) : 원형 선택 영역을 만듭니다.
- 단일 행 선택 윤곽 도구(Single Row Marquee Tool) : 테두리를 폭이 1픽셀인 행으로 정의합니다.
- 단일 열 선택 윤곽 도구(Single Column Marquee Tool) : 테두리를 폭이 1픽셀인 열로 정의합니다.

❸ 올가미 도구(Lasso Tool)

```
■ ◯ 올가미 도구          L
  ▽  다각형 올가미 도구   L
  ▷  자석 올가미 도구     L
```

- 올가미 도구(Lasso Tool) : 자유로운 형태의 선분으로 선택 영역을 만듭니다.
- 다각형 올가미 도구(Polygon Lasso Tool) : 직선으로 선택 영역을 만듭니다.
- 자석 올가미 도구(Magnetic Lasso Tool) : 이미지의 색상 경계면을 따라 자동으로 선택 영역을 만듭니다.

❹ 빠른 선택 도구(Quick Selection Tool)

```
■ ▨ 빠른 선택 도구  W
  ✱  자동 선택 도구  W
```

- 빠른 선택 도구(Quick Selection Tool) : 조정 가능한 둥근 브러쉬로 비슷한 색상의 영역을 선택합니다.
- 자동 선택 도구(Magic Wand Tool) : 클릭한 부분의 색상과 비슷한 색상의 영역을 선택합니다.

❺ 자르기 도구(Crop Tool)

```
■ ↳  자르기 도구         C
  ✂  분할 영역 도구       C
  ▷  분할 영역 선택 도구   C
```

- 자르기 도구(Crop Tool) : 선택된 영역만 남기고 나머지 영역은 잘라냅니다.
- 분할 영역 도구(Slice Tool) : 웹상의 로딩 속도를 줄이기 위해 분할 영역을 만듭니다.
- 분할 영역 선택 도구(Slice Select Tool) : 분할 영역을 선택합니다.

❻ 스포이드 도구(Eyedropper Tool)

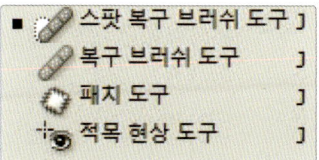

- 스포이드 도구(Eyedropper Tool) : 이미지에서 색상을 추출합니다.
- 색상 샘플러 도구(Color Sampler Tool) : 이미지에서 최대 4개의 색상을 추출합니다.
- 눈금자 도구(Measure Tool) : 위치, 크기, 각도, 길이를 측정합니다.
- 메모 도구(Notes Tool) : 이미지에 메모를 삽입합니다.
- 카운트 도구(Count Tool) : 이미지 위에 카운트 번호를 찍어줍니다.

❼ 스팟 복구 브러쉬 도구(Spot Healing Brush Tool)

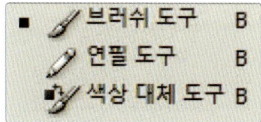

- 스팟 복구 브러쉬 도구(Spot Healing Brush Tool) : 사진의 반점이나 결함을 빠르게 제거할 수 있습니다.
- 복구 브러쉬 도구(Healing Brush Tool) : 이미지의 샘플이나 패턴으로 칠합니다.
- 패치 도구(Patch Tool) : 다른 영역이나 패턴의 픽셀을 사용하여 선택한 영역을 복구할 수 있습니다.
- 적목 현상 도구(Red Eye Tool) : 인물이나 동물 사진을 찍을 때 플래시를 사용한 경우 나타나는 적목 현상이나 흰색/녹색 반사를 제거합니다.

❽ 브러쉬 도구(Brush Tool)

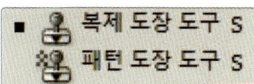

- 브러쉬 도구(Brush Tool) : 붓으로 그리는 것처럼 선과 모양을 그립니다.
- 연필 도구(Pencil Tool) : 연필로 그리는 것처럼 선과 모양을 그립니다.
- 색상 대체 도구(Color Replacement Tool) : 특정 부분의 색상을 다른 색상으로 대체합니다.

❾ 복제 도장 도구(Clone Stamp Tool)

- 복제 도장 도구(Clone Stamp Tool) : 이미지의 한 부분을 다른 부분에 복제합니다.
- 패턴 도장 도구(Pattern Stamp Tool) : 이미지의 한 부분을 패턴으로 사용하여 칠합니다.

❿ 작업 내역 브러쉬 도구(History Brush Tool)

- 작업 내역 브러쉬 도구(History Brush Tool) : 작업 내용을 이전 단계로 되돌려서 원본 이미지로 복구합니다.
- 미술 작업 내역 브러쉬 도구(Art History Brush Tool) : 다양한 스타일의 회화적인 브러쉬 효과를 표현합니다.

⓫ 지우개 도구(Eraser Tool)

- 지우개 도구(Eraser Tool) : 이미지의 특정 부분을 지웁니다.
- 배경 지우개 도구(Background Eraser Tool) : 지워지는 이미지 부분을 투명하게 바꿉니다.
- 자동 지우개 도구(Magic Eraser Tool) : 연결된 같은 색상을 한꺼번에 지웁니다.

⓬ 그라디언트 도구(Gradient Tool)

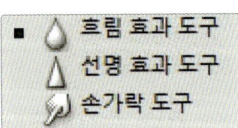

- 그라디언트 도구(Gradient Tool) : 여러 가지 색상을 단계적으로 혼합합니다.
- 페인트 통 도구(Paint Bucket Tool) : 이미지에서 샘플 색상과 유사한 범위 내의 색상을 전경색이나 패턴으로 칠합니다.

⓭ 흐림 효과 도구(Blur Tool)

- 흐림 효과 도구(Blur Tool) : 이미지의 특정 부분을 흐리게 만듭니다.
- 선명 효과 도구(Sharpen Tool) : 이미지의 특정 부분을 선명하게 만듭니다.
- 손가락 도구(Smudge Tool) : 이미지를 손가락으로 문지른 듯한 효과를 나타냅니다.

⓮ 닷지 도구(Dodge Tool)

- 닷지 도구(Dodge Tool) : 이미지의 특정 부분을 밝게 합니다.
- 번 도구(Burn Tool) : 이미지의 특정 부분을 어둡게 합니다.
- 스폰지 도구(Sponge Tool) : 이미지의 특정 부분의 채도를 높이거나 낮춥니다.

⑮ 펜 도구(Pen Tool)

- 펜 도구(Pen Tool) : 가장자리가 매끄러운 패스를 그립니다.
- 자유 형태 펜 도구(Freeform Pen Tool) : 연필을 사용하듯 자유롭게 패스를 그립니다.
- 기준점 추가 도구(Add Anchor Point Tool) : 기존 패스에 기준점을 추가합니다.
- 기준점 삭제 도구(Delete Anchor Point Tool) : 기존 패스의 기준점을 삭제합니다.
- 기준점 변환 도구(Convert Anchor Point Tool) : 기준점의 속성을 변경합니다.

⑯ 문자 도구(Type Tool)

- 수평 문자 도구(Horizontal Type Tool) : 가로로 문자를 입력합니다.
- 세로 문자 도구(Vertical Type Tool) : 세로로 문자를 입력합니다.
- 수평 문자 마스크 도구(Horizontal Type Mask Tool) : 가로로 문자를 입력하고, 입력이 완료되면 선택 영역으로 지정합니다.
- 세로 문자 마스크 도구(Vertical Type Mask Tool) : 세로로 문자를 입력하고, 입력이 완료되면 선택 영역으로 지정합니다.

⑰ 패스 선택 도구(Path Selection Tool)

- 패스 선택 도구(Path Selection Tool) : 패스를 선택합니다.
- 직접 선택 도구(Direct Selection Tool) : 패스의 기준점을 선택하여 위치를 이동하거나 수정합니다.

⑱ 사각형 도구(Rectangle Tool)

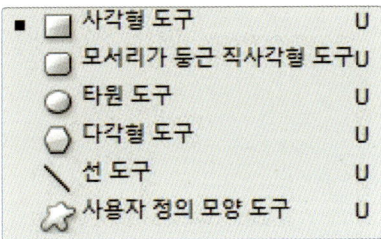

- 사각형 도구(Rectangle Tool) : 사각형 도형을 그립니다.
- 모서리가 둥근 직사각형 도구(Rounded Rectangle Tool) : 모서리가 둥근 사각형 도형을 그립니다.
- 타원 도구(Ellipse Tool) : 원이나 타원 모양의 도형을 그립니다.
- 다각형 도구(Polygon Tool) : 꼭짓점이 여러 개인 다각형 도형을 그립니다.
- 선 도구(Line Tool) : 여러 모양의 선 쉐이프를 그립니다.
- 사용자 정의 모양 도구(Custom Shape Tool) : 미리 등록되어 있는 다양한 모양의 도형을 그립니다.

⑲ 3D 회전 도구(3D Rotate Tool)

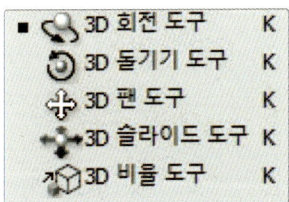

- 3D 회전 도구(3D Rotate Tool) : 모델을 X축 주위로 회전합니다.
- 3D 돌리기 도구(3D Roll Tool) : 모델을 Z축 주위로 회전합니다.
- 3D 팬 도구(3D Pan Tool) : 카메라를 X 또는 Y 방향으로 패닝합니다.
- 3D 슬라이드 도구(3D Slide Tool) : 모델을 수평으로 이동하거나 모델을 가깝거나 먼 위치로 보냅니다.
- 3D 비율 도구(3D Scale Tool) : 모델 비율을 크거나 작게 조절합니다.

⑳ 3D 궤도 도구(3D Orbit Tool)

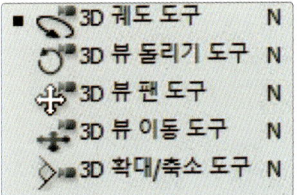

- 3D 궤도 도구(3D Orbit Tool) : 카메라를 X 또는 Y 방향으로 궤도 회전합니다.
- 3D 뷰 돌리기 도구(3D Roll View Tool) : 카메라를 Z축 주위로 회전합니다.
- 3D 뷰 팬 도구(3D Pan View Tool) : 카메라를 X 또는 Y 방향으로 패닝합니다.
- 3D 뷰 이동 도구(3D Walk View Tool) : 카메라를 이동합니다.
- 3D 확대/축소 도구(3D Zoom Tool) : 시야를 가깝거나 멀게 변경합니다.

㉑ 손 도구(Hand Tool)

- 손 도구(Hand Tool) : 이미지를 확대한 경우 원하는 부분으로 이동시켜 볼 수 있습니다.
- 회전 보기 도구(Rotate View Tool) : 이미지를 회전시킵니다.

㉒ 돋보기 도구(Zoom Tool)

- 이미지를 확대하거나 축소합니다.

㉓ 기본 전경색과 배경색(Default Colors Icon)

- 기본 전경색(검은색)과 배경색(흰색)으로 복원합니다.

㉔ 전경색과 배경색 전환(Switch Colors Icon)

- 전경색과 배경색을 서로 바꿉니다.

㉕ 전경색 설정(Set Foreground Color)

- 현재 설정된 전경색을 보여주며, [색상 피커]를 이용하여 전경색으로 사용될 색상을 선택합니다.

㉖ 배경색 설정(Set Background Color)

- 현재 설정된 배경색을 보여주며, [색상 피커]를 이용하여 배경색으로 사용될 색상을 선택합니다.

㉗ 빠른 마스크 모드로 편집(Edit in Quick Mode)

- 퀵 마스크를 이용하여 선택 영역을 만들며, 한 번 더 클릭하면 표준 모드로 되돌아옵니다.

Section 03 레이어 패널 살펴보기

포토샵에서 편집하는 이미지는 여러 레이어를 이용하여 다양하게 편집하거나 효과를 적용할 수 있습니다. 이번 섹션에서는 레이어의 개념과 레이어 패널에 대해 살펴보겠습니다.

1 레이어(Layers)의 개념

- 레이어는 여러 이미지를 겹쳐서 하나의 이미지로 표현하는 것으로, 마치 그림이 그려진 투명 필름을 여러 장 겹쳐서 하나의 그림으로 표현하는 것과 같습니다.
- 레이어를 이용하면 이미지의 위치를 쉽게 변경하거나 복사, 변형할 수 있으며 다양한 효과를 따로 적용할 수 있어 이미지 편집 작업을 빠르고 편리하게 할 수 있게 해줍니다.
- 또한 레이어는 원본 이미지의 손실 없이 이미지 편집 작업을 할 수 있게 해줍니다.

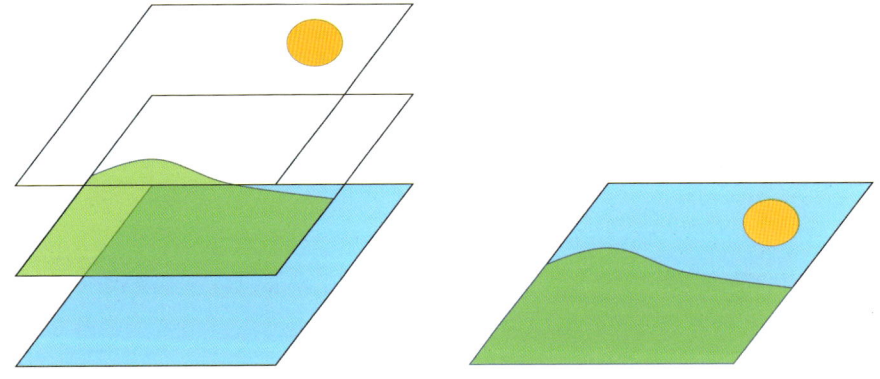

2 레이어 패널(Layers Panel)

- 포토샵 편집 화면의 오른쪽 아래에 표시되는 레이어 패널에는 하나의 이미지 안에 있는 모든 레이어와 레이어 그룹, 레이어 효과가 표시됩니다.
- 레이어 패널에서는 레이어를 표시하거나 숨기고, 새 레이어를 만들거나 복사, 편집, 삭제 등의 기능을 사용할 수 있습니다.

> **TIP**
>
> 만약 레이어 패널이 보이지 않으면 [창(Window)]–[레이어(Layers)] 메뉴를 선택하거나 F7 을 누르면 레이어 패널이 나타납니다.

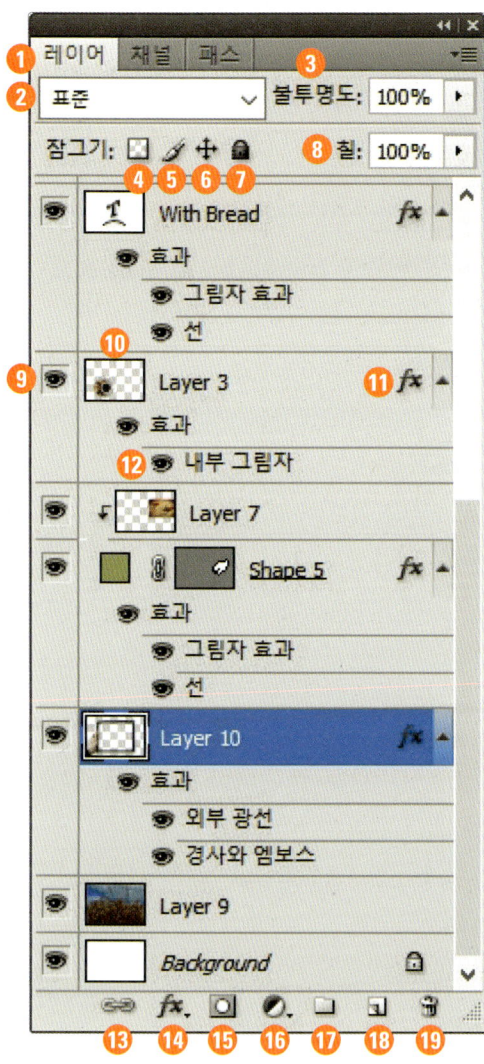

① **레이어 패널 메뉴(Layers panel menu)** : 레이어 설정과 관련된 메뉴들이 표시됩니다.

② **혼합 모드(Blending mode)** : 레이어가 겹칠 때 겹치는 부분의 혼합 모드를 설정합니다.

③ **불투명도(Opacity)** : 0~100%의 값으로 레이어의 불투명도를 설정하며, 0%는 완전히 투명하게 나타나고, 100%는 완전히 불투명하게 나타납니다.

④ **투명 픽셀 잠그기(Lock transparent pixels)** : 레이어의 투명한 부분을 편집하는 것을 방지합니다.

⑤ **이미지 픽셀 잠그기(Lock image pixels)** : 페인팅 도구로 레이어를 수정하는 것을 방지합니다.

⑥ **위치 잠그기(Lock positions)** : 레이어가 이동하는 것을 방지합니다.

⑦ **모두 잠그기(Lock All)** : 레이어를 수정하거나 이동하는 것을 방지합니다.

⑧ **칠(Fill)** : 색상으로 채워진 부분의 불투명도를 설정합니다.

⑨ **레이어 가시성(Layers visibility)** : 레이어를 표시하거나 감춥니다.

⑩ **레이어 축소판(Layer thumbnail)** : 레이어를 작게 표시합니다.

⑪ **레이어 효과 확장/축소(Expand/Collapse layer effect)** : 레이어의 효과를 표시하거나 감춥니다.

⑫ **레이어 효과(Layer effect)** : 레이어에 적용된 효과가 표시됩니다.

⑬ **레이어 연결(Link layers)** : 여러 개의 레이어나 그룹을 연결합니다.

⑭ **레이어 스타일 추가(Add a layer style)** : 레이어 스타일을 추가합니다.

⑮ **레이어 마스크 추가(Add a layer mask)** : 레이어 마스크를 추가합니다.

⑯ **새 칠 또는 새 조정 레이어 생성(Create new fill or adjustment layer)** : 칠 레이어나 조정 레이어를 만듭니다.

⑰ **새 그룹 생성(Create a new group)** : 레이어 그룹을 만들며, 레이어가 많을 경우 묶어서 관리할 수 있습니다.

⑱ **새 레이어 생성(Create a new layer)** : 레이어를 만들거나 기존 레이어를 드래그하여 복사합니다.

⑲ **레이어 삭제(Delete layer)** : 선택한 레이어를 삭제합니다.

작업 내역 패널 살펴보기

이미지 편집 작업을 하다 보면 방금 실행한 작업을 취소하거나 더 이전 단계로 되돌아가야 할 때가 종종 있습니다. 이때 유용한 것이 바로 작업 내역 패널(History Panel)인데, 이번 섹션에서는 작업을 취소하는 방법과 작업 내역 패널에 대해 살펴보겠습니다.

1 작업 취소 방법

1 직전 작업 실행 취소
- 직전 작업의 실행을 취소하는 것은 가장 자주 사용하는 기능 중 하나입니다.
- [편집(Edit)]-[실행 취소(Undo)] 메뉴를 선택하거나 Ctrl+Z를 누르면 됩니다.
- 실행 취소한 것을 다시 실행하려면 [편집(Edit)]-[다시 실행(Redo)] 메뉴를 선택하거나 Ctrl+Z를 다시 누르면 됩니다.

2 메뉴로 작업 내역 이동하기
- 이전 상태로 이동하려면 [편집(Edit)]-[이전 단계(Step Backward)] 메뉴를 선택하거나 Alt+Ctrl+Z를 누르면 됩니다.
- 다음 상태로 이동하려면 [편집(Edit)]-[다음 단계(Step Forward)] 메뉴를 선택하거나 Shift+Ctrl+Z를 누르면 됩니다.

3 작업 내역 패널로 작업 내역 이동하기
- 이미지가 변경될 때마다 해당 작업 내역 상태가 작업 내역 패널(History Panel)에 나열됩니다.
- 작업 내역 패널의 특정 상태를 선택하면 그 상태로 되돌아갑니다.

> **TIP**
>
> 최종 저장 버전으로 되돌리려면 [파일(File)]-[되돌리기(Revert)] 메뉴를 선택하거나 F12를 누르면 됩니다.

2 작업 내역 패널(History Panel)

- 작업 내역 패널을 보이게 하려면 [창(Window)]-[작업 내역(History)] 메뉴를 선택하면 됩니다.
- 작업 내역 패널에서 특정 상태를 선택하면 선택된 상태로 되돌아가고, 그 아래의 상태는 희미하게 표시되며 상태가 적용되지 않습니다.
- 특정 상태를 선택한 후 해당 이미지를 변경하면 그 아래의 상태는 모두 제거됩니다.

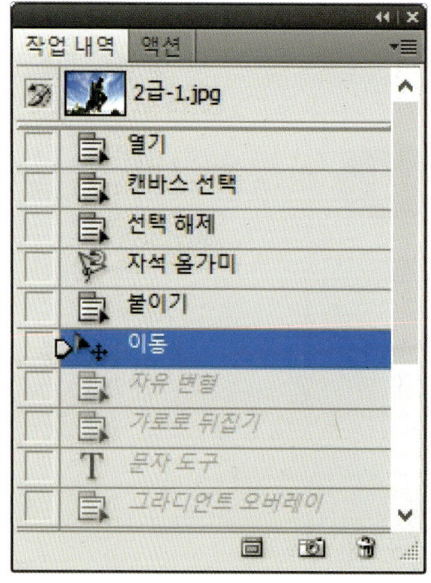

TIP

작업 내역 패널에는 기본적으로 20개의 상태가 표시되는데, 작업 내역 상태의 수를 변경할 수 있습니다. [편집(Edit)]-[환경 설정(Preferences)]-[일반(General)] 메뉴를 선택하거나 Ctrl+K를 눌러 나타나는 [환경 설정(Preferences)] 대화상자에서 [실행(Performance)] 탭을 누른 후 '작업 내역 상태(History States)'를 변경하고 [확인(OK)] 단추를 클릭하면 됩니다.

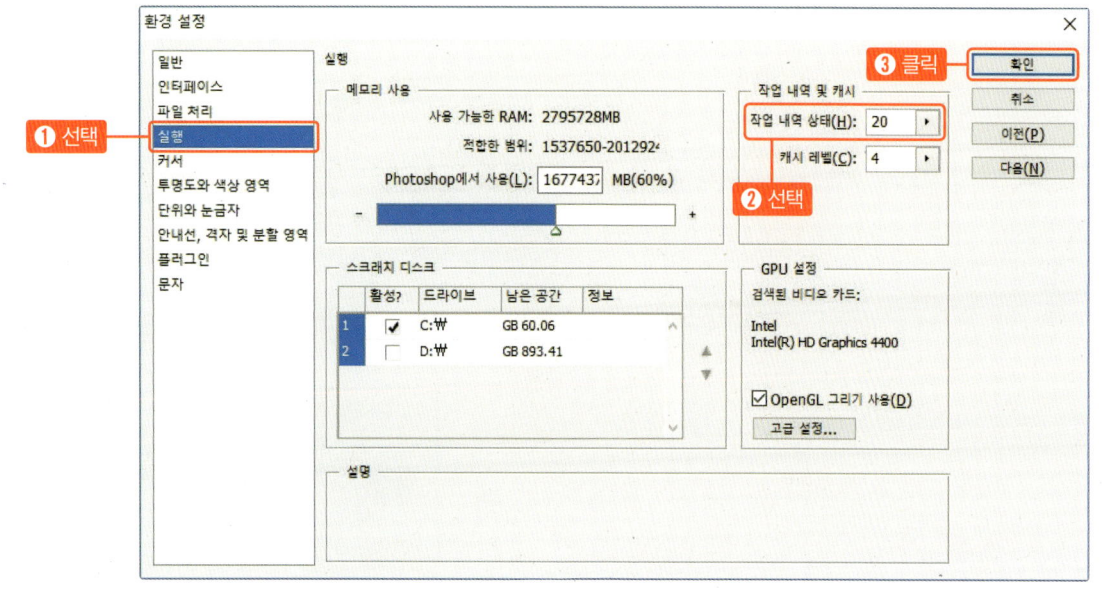

새 문서 만들고 저장하기

포토샵 프로그램을 실행시켜 새 문서를 만들어 저장하고 종료하는 것은 포토샵의 가장 기본적이고 기초가 되는 작업입니다. 이번 섹션에서는 새 문서를 만들어 캔버스(Canvas)를 생성하고 불러온 이미지를 캔버스에 복사하여 붙여 넣은 후 저장하고 종료하는 과정에 대해 살펴보겠습니다.

1 이미지 파일 가져오기

연습파일 Part1₩Chapter1₩연습파일₩한복.jpg

❶ Adobe Photoshop CS4 프로그램을 실행한 후 [파일(File)]-[새로 만들기(New)] 메뉴를 선택하거나 Ctrl+N을 누릅니다.

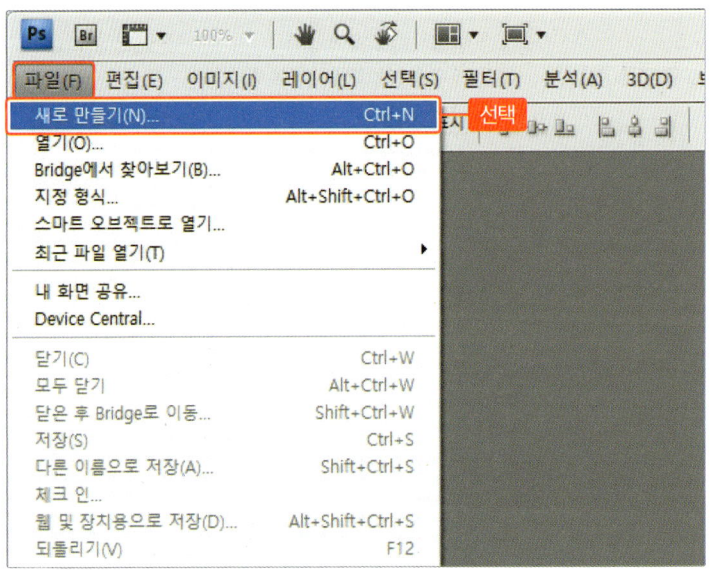

TIP

시험장에서 Adobe Photoshop 프로그램을 실행하면 이전 사용자가 사용했던 설정들이 남아 있어 불편할 수 있습니다. 이런 경우 Adobe Photoshop 설정 파일을 삭제하여 프로그램을 초기화하면 됩니다. 컴퓨터 바탕화면의 Adobe Photoshop 아이콘을 마우스 오른쪽 단추로 클릭하여 [열기] 메뉴를 누른 직후 Alt+Ctrl+Shift 를 동시에 누르고 있으면 "Adobe Photoshop 설정 파일을 삭제하시겠습니까?(Delete the Adobe Photoshop Settings File?)"라고 묻는 대화상자가 뜨는데 [예(Yes)]를 클릭하면 됩니다.

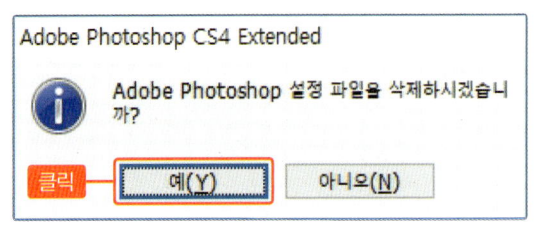

❷ [새로 만들기(New)] 대화상자에서 [폭(Width)]은 '600' 픽셀(pixels), [높이(Height)]는 '400' 픽셀(pixels)로 설정하고, 해상도는 '72' 픽셀/인치(pixels/inch), 색상 모드(Color Mode)는 'RGB 색상(RGB Color)', '8비트(8bit)'로 설정한 후 [확인(OK)] 단추를 클릭하여 새로운 캔버스를 만듭니다.

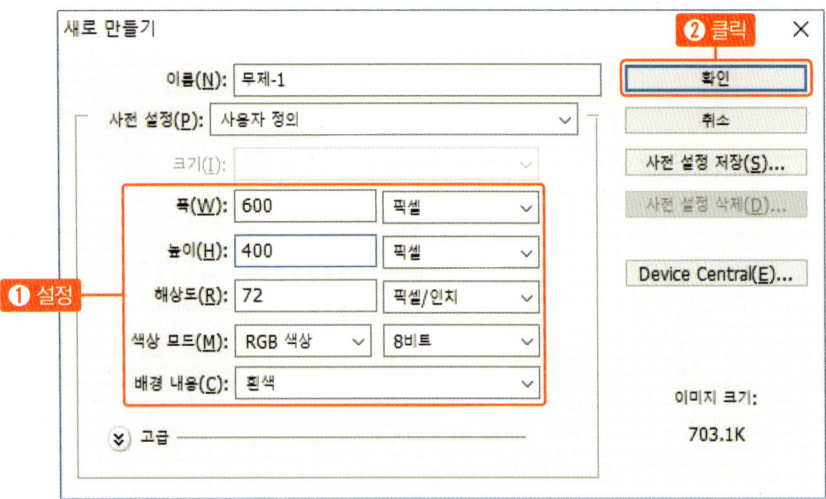

TIP

- 폭(Width)과 높이(Height)의 단위는 기본값이 '센티미터(cm)'로 되어 있으므로, 반드시 '픽셀(pixels)'로 변경해야 합니다.
- 실제 시험에서는 모든 답안 파일을 해상도는 '72' 픽셀/인치(pixels/inch), 색상 모드(Color Mode)는 'RGB 색상(RGB Color)', '8비트(8bit)'로 작업해야 합니다.

❸ [파일(File)]-[열기(Open)] 메뉴를 선택하거나 Ctrl+O를 눌러 나타나는 [열기(Open)] 대화상자에서 '내문서₩GTQ₩Image' 폴더에 있는 '한복.jpg' 이미지 파일을 선택한 후 [열기(Open)] 단추를 클릭합니다.

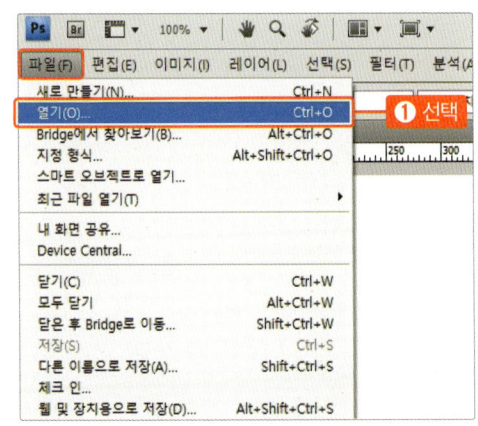 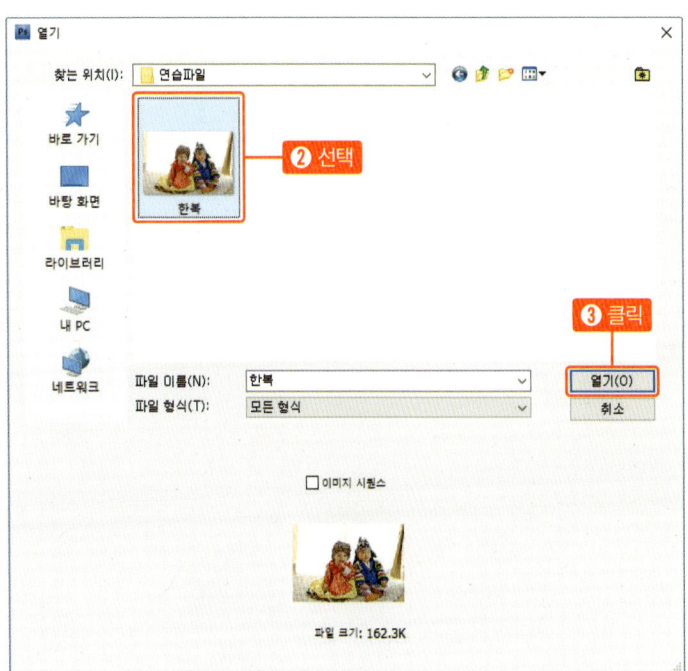

TIP

작업 공간의 회색 부분을 더블클릭하여도 파일을 열 수 있습니다.

Chapter 01 포토샵 CS4 살펴보기 _ **025**

❹ 불러온 이미지에서 Ctrl+A를 눌러 이미지 전체를 선택 영역으로 지정한 후 Ctrl+C를 눌러 선택 영역을 복사합니다.

❺ [무제-1] 탭을 클릭한 후 Ctrl+V를 눌러 복사된 이미지를 붙여 넣은 후 [한복.jpg] 탭의 [닫기] 단추를 클릭하여 창을 닫습니다.

❻ [파일(File)]-[다른 이름으로 저장(Save As)] 메뉴를 선택하거나 Shift+Ctrl+S를 눌러 나타나는 [다른 이름으로 저장(Save As)] 대화상자에서 저장 위치를 '내문서₩GTQ' 또는 '라이브러리₩문서₩GTQ'로 지정하고, 파일 이름을 '수험번호-성명-문제번호(원본)'으로 입력하고, 형식을 'Photoshop (*.PSD;*.PDD)'로 선택한 후 [저장] 단추를 클릭합니다.

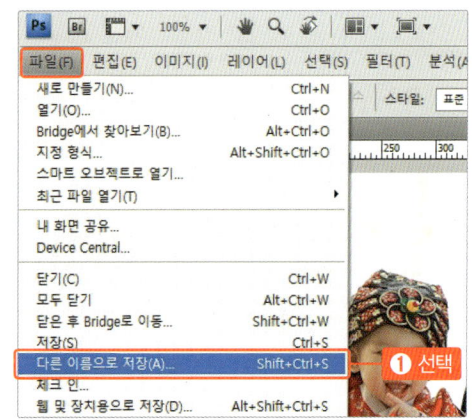
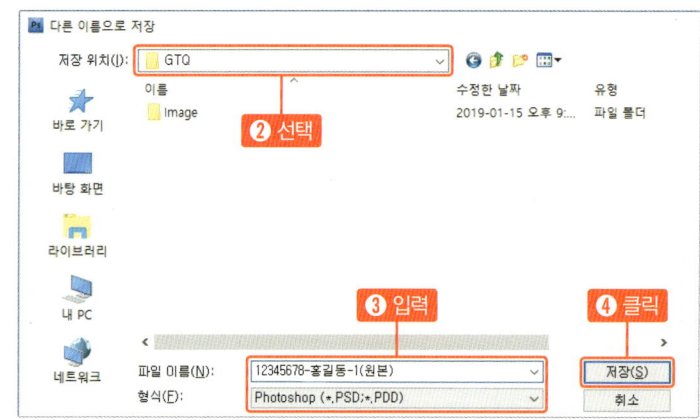

> **TIP**
>
> 답안 파일은 JPG 형식과 이미지 크기를 줄인 PSD 형식으로 저장하여 전송해야 합니다. 하지만 컴퓨터 오류나 수험자 실수 등으로 작업 중 문제가 발생할 경우를 대비하여 원본 파일을 처음에 저장하고, 답안 작성 중에도 주기적으로 저장하는 것이 좋습니다. 원본 파일은 최종 답안 전송 후에 삭제하면 됩니다.

❼ [Photoshop 형식 옵션(Photoshop Format Options)] 대화상자가 나타나면 [확인(OK)] 단추를 클릭합니다.

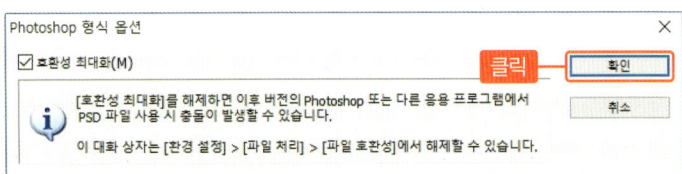

❽ 파일이 저장되면 작업 중인 캔버스의 탭에 저장한 파일 이름이 표시됩니다.

❾ 작성한 답안 파일을 JPG 형식으로 저장하기 위해 [파일(File)]-[다른 이름으로 저장(Save As)] 메뉴를 선택하거나 Shift+Ctrl+S를 눌러 나타나는 [다른 이름으로 저장(Save As)] 대화상자에서 저장 위치를 '내문서₩GTQ' 또는 '라이브러리₩문서₩GTQ'로 지정하고, 파일 이름을 '수험번호-성명-1'로 입력하고, 형식을 'JPEG (*.JPG;*.JPEG;*.JPE)'로 선택한 후 [저장] 단추를 클릭합니다.

> **TIP**
>
> PSD 파일은 한번 줄여서 저장하면 이전 크기로 복구되지 않으므로, 동일한 이미지 크기인 JPG 파일을 먼저 저장한 후 1/10 크기로 축소된 PSD 파일을 저장해야 합니다.

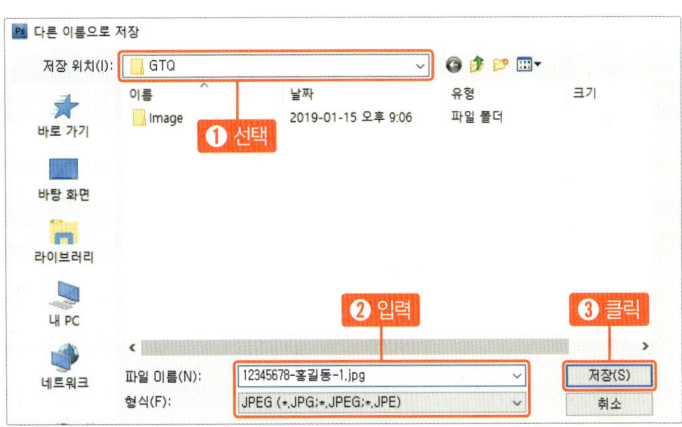

⑩ [JPEG 옵션(JPEG Options)] 대화상자가 나타나면 [이미지 옵션(Image Options)]의 [품질(Quality)]을 '10'으로 변경한 후 [확인(OK)] 단추를 클릭합니다.

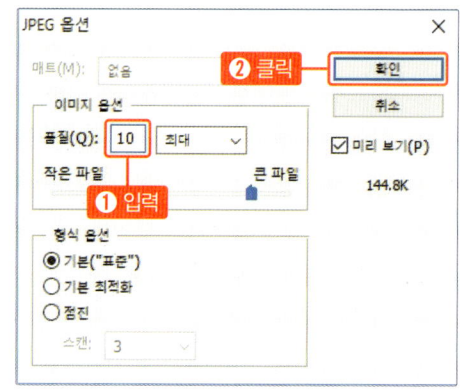

TIP

이미지 파일은 용량이 크므로 이미지 품질을 조절하면 압축하여 용량을 줄일 수 있습니다. GTQ 시험에 사용되는 이미지 품질은 '10'으로 설정하는 것이 좋습니다.

⑪ PSD 파일의 크기를 변경하기 위해 [이미지(Image)]-[이미지 크기(Image Size)] 메뉴를 선택하여 나타나는 [이미지 크기(Image Size)] 대화상자에서 [폭(Width)] '60' 픽셀(pixels), [높이(Height)] '40' 픽셀(pixels)로 설정한 후 [확인(OK)] 단추를 클릭합니다.

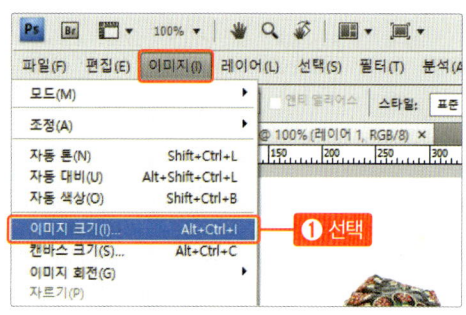
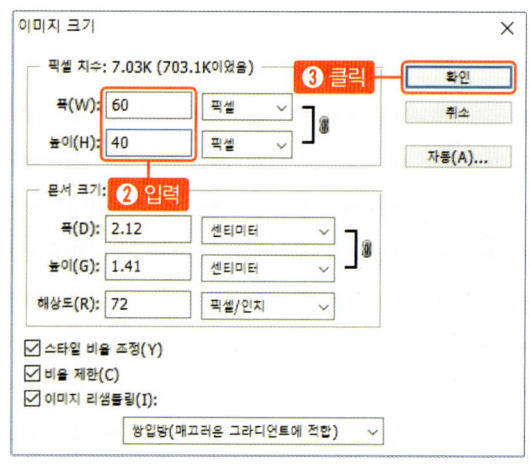

⑫ 작성한 답안 파일을 PSD 형식으로 저장하기 위해 [파일(File)]-[다른 이름으로 저장(Save As)] 메뉴를 선택하거나 Shift+Ctrl+S를 눌러 나타나는 [다른 이름으로 저장(Save As)] 대화상자에서 저장 위치를 '내문서₩GTQ' 또는 '라이브러리₩문서₩GTQ'로 지정하고, 파일 이름을 '수험번호-성명-1'로 입력하고, 형식을 'Photoshop (*.PSD;*.PDD)'로 선택한 후 [저장] 단추를 클릭합니다. [Photoshop 형식 옵션(Photoshop Format Options)] 대화상자가 나타나면 [확인(OK)] 단추를 클릭합니다.

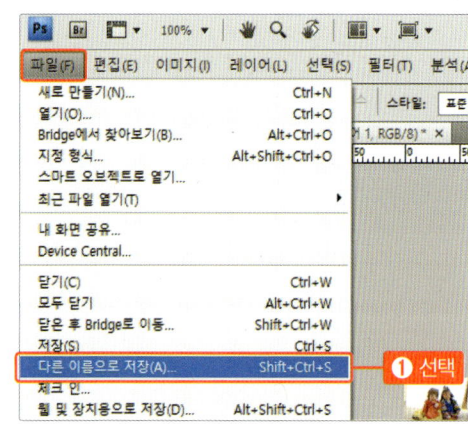
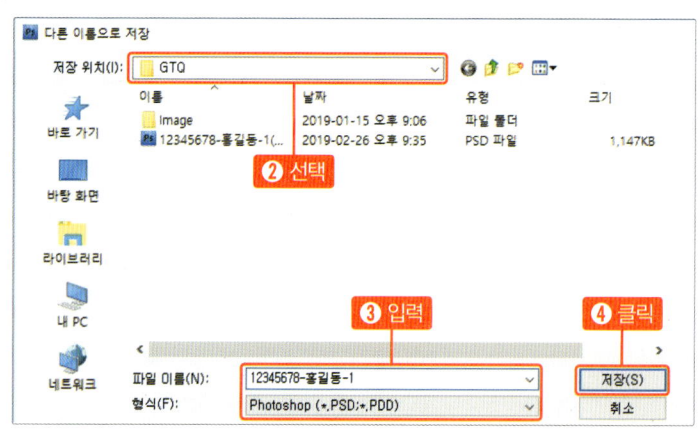
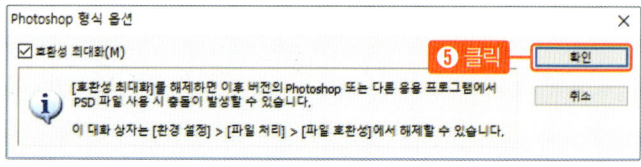

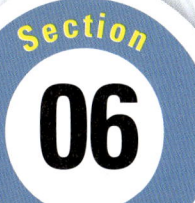

답안 파일 전송 방법

시험장에서 수험자 PC에서 작성된 답안 파일은 답안 전송 프로그램인 「KOAS 수험자용」을 통해서 고사실 PC로 전송됩니다. 시험 시작 전 감독관이 답안 파일 전송 방법을 간단히 설명해 주지만, 미리 사용법을 알아두시면 실수 없이 답안 파일을 전송할 수 있을 것입니다. 답안 파일 전송 방법에 대해 살펴보겠습니다.

❶ 바탕화면의 「KOAS 수험자용」 아이콘을 더블클릭하여 실행한 후 감독관의 지시에 따라 수험번호(8자리 숫자)를 입력한 후 [확인] 단추를 클릭합니다.

❷ 입력한 수험번호를 확인한 후 [확인] 단추를 클릭합니다.

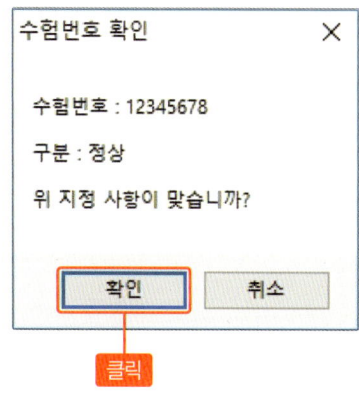

❸ 수험번호, 성명, 수험과목을 확인한 후 [확인] 단추를 클릭합니다. 수험자 정보가 다를 경우 [취소] 단추를 클릭한 후 다시 작업하거나 감독관에게 문의합니다.

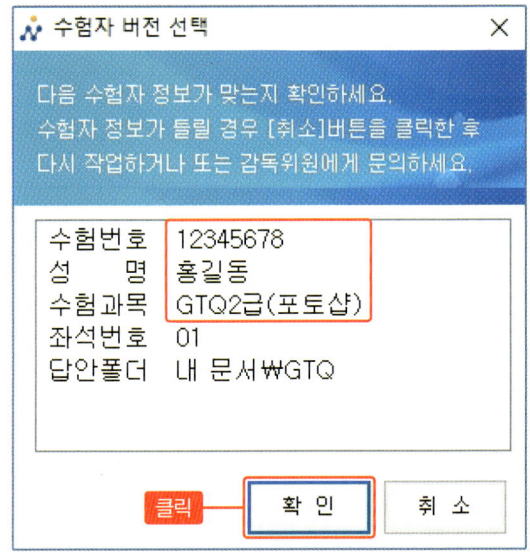

❹ 답안을 전송하려면 작업표시줄의 「KOAS 수험자용」을 클릭하여 [답안전송] 단추를 클릭합니다.

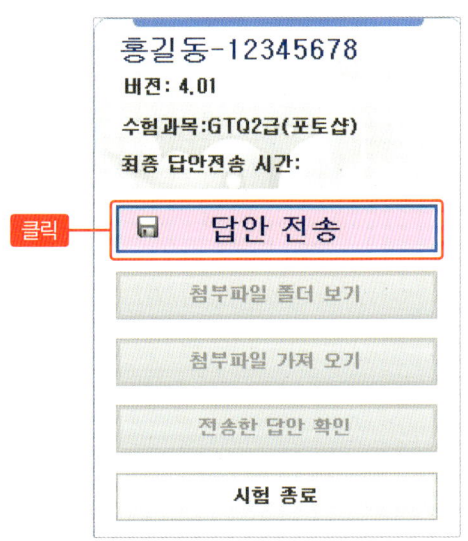

❺ 저장 안내 메시지가 보이면 [확인] 단추를 클릭합니다.

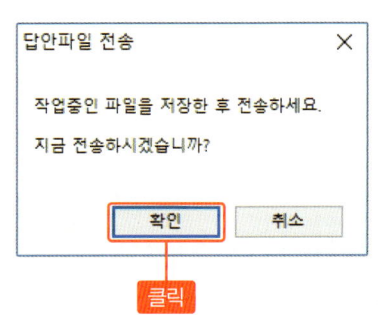

❻ '내문서₩GTQ' 또는 '라이브러리₩문서₩GTQ' 폴더의 답안 파일이 자동으로 찾아지며, 파일의 존재가 '있음' 또는 '없음'으로 표시됩니다. 만약 답안을 작성하였는데도 '없음'으로 표시될 경우 답안 파일명이나 답안 파일 저장 위치를 확인합니다.

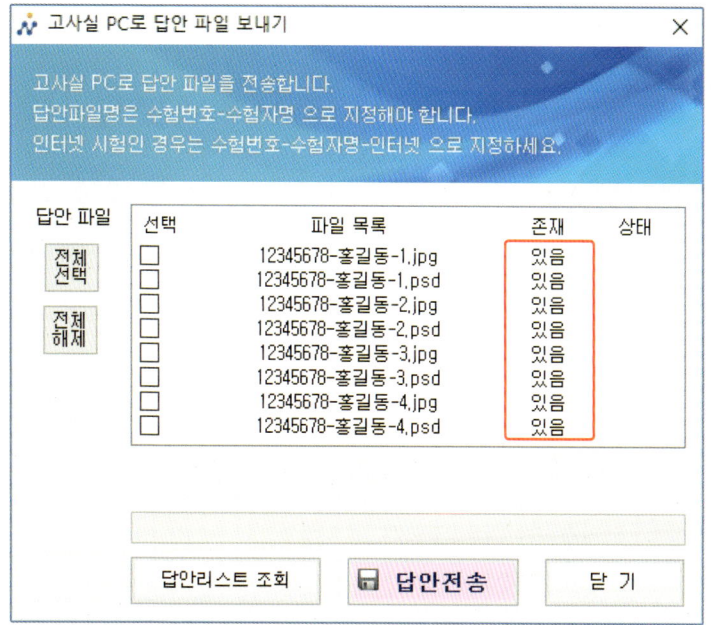

❼ 전송할 파일을 개별 선택하거나 [전체선택] 단추를 클릭하여 전송할 파일을 선택한 후 [답안전송] 단추를 클릭합니다.

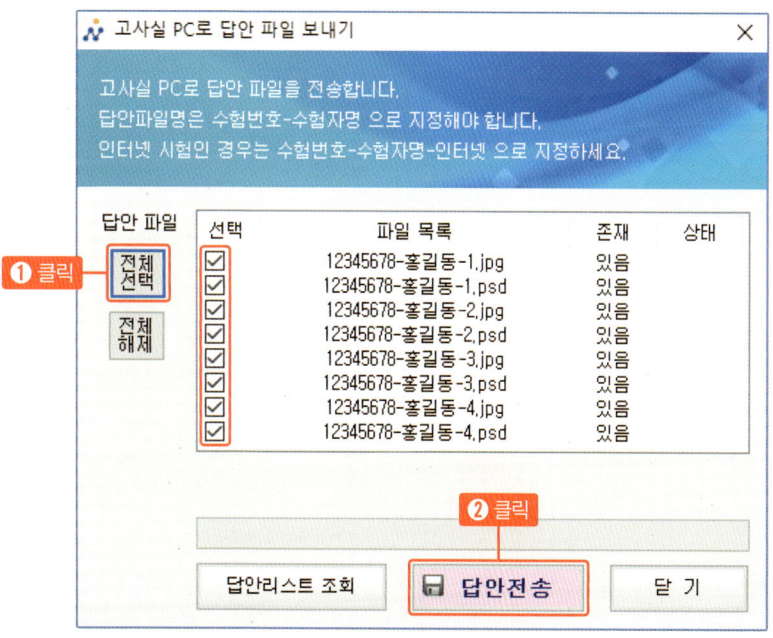

❽ 답안 파일 성공 메시지가 보이면 [확인] 단추를 클릭합니다.

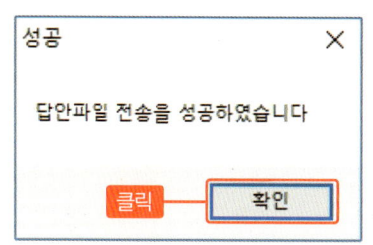

❾ 전송된 파일의 상태가 '성공'으로 표시되는지 확인하고 [닫기] 단추를 클릭한 후 작업을 계속합니다. 만약 '실패'로 표시될 경우 2~3초 후에 다시 [답안 전송] 단추를 클릭합니다. 계속 실패할 경우 감독관에게 문의합니다.

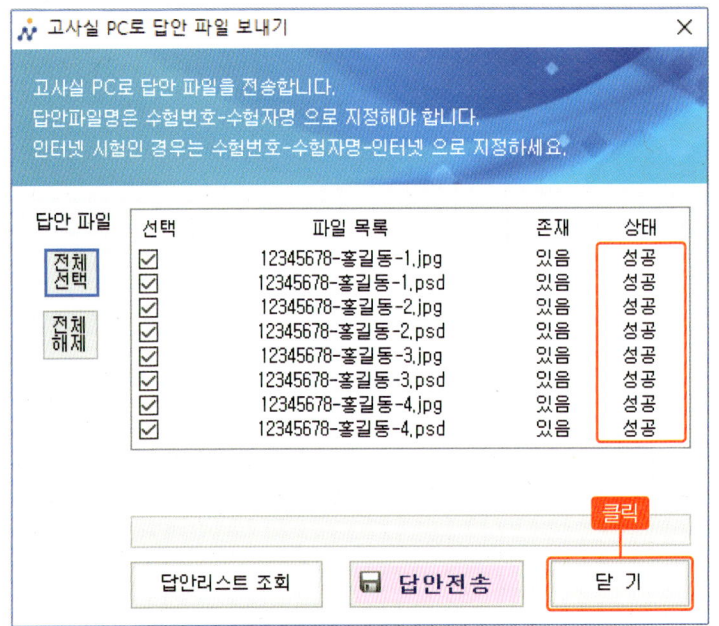

❿ 이전 파일 용량과 동일하다는 안내 메시지가 표시되면 작업 중인 파일의 저장 여부를 확인하고 답안 전송을 합니다. 만약 저장 후에도 같은 메시지가 나타난다면 [전송] 단추를 클릭하여 답안 파일이 전송합니다.

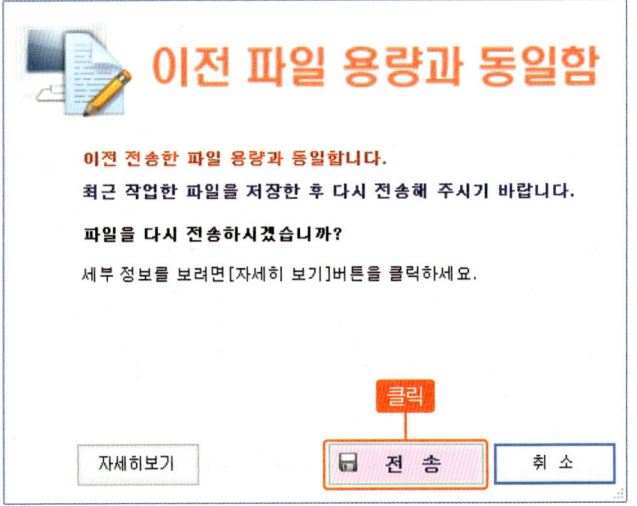

⓫ 주기적으로 답안 파일을 저장하고 전송하거나 각 문제를 풀고 나면 답안을 전송하시기 바랍니다. 시험시간이 끝나면 답안 전송이 불가능하므로, 시험 종료 2분 전부터 모든 작업을 마무리하고 최종적으로 저장하고 전송하여 제출을 완료합니다. 시험이 종료되면 [시험 종료] 단추를 클릭합니다.

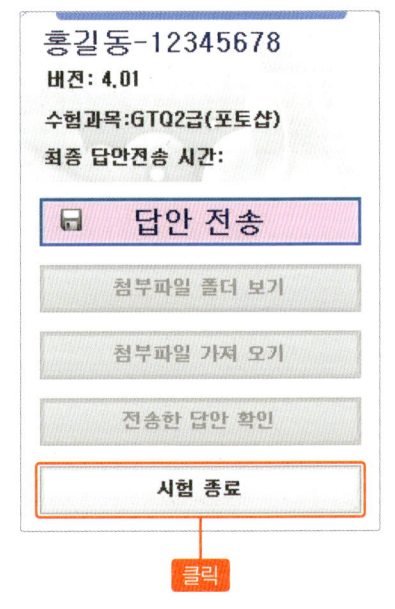

Graphic Technology Qualification

CHAPTER 02
선택 영역 지정하기

Section 01 선택 윤곽 도구로 선택 영역 지정

Section 02 올가미 도구로 선택 영역 지정

Section 03 빠른 선택 도구로 선택 영역 지정

Section 01 선택 윤곽 도구로 선택 영역 지정

사각형 선택 윤곽 도구(Rectangular Marquee Tool)는 직사각형 또는 정사각형 형태로 선택 영역을 지정할 때 사용되고, 원형 선택 윤곽 도구(Elliptical Marquee Tool)는 타원 또는 원 형태로 선택 영역을 지정할 때 사용됩니다. 선택 윤곽 도구에 대해 살펴보겠습니다.

1 선택 윤곽 도구(Marquee Tool)

연습파일 Part1\Chapter2\연습파일\칠판.jpg
완성파일 Part1\Chapter2\완성파일\칠판(완성).jpg

❶ [파일(File)]-[열기(Open)] 메뉴를 선택하거나 Ctrl+O를 눌러 나타나는 [열기(Open)] 대화상자에서 '칠판.jpg' 이미지 파일을 선택한 후 [열기(Open)] 단추를 클릭합니다.

❷ 주황색 사각형을 선택하기 위해 도구 패널의 [사각형 선택 윤곽 도구(Rectangular Marquee Tool)]를 선택하고 이미지의 왼쪽 위에서 드래그하여 사각형 모양으로 선택 영역을 지정합니다.

❸ 선택 영역을 복제하기 위해 도구 패널의 [이동 도구(Move Tool)]를 선택하고 Alt를 누른 채 오른쪽으로 드래그합니다.

> **TIP**
>
> Shift + Alt를 누른 채 드래그하면 수평 또는 수직 방향으로 복사됩니다.

❹ 주황색 원을 선택하기 위해 도구 패널의 [원형 선택 윤곽 도구(Elliptical Marquee Tool)]를 선택하고 이미지의 왼쪽 위에서 드래그하여 원형 모양으로 선택 영역을 지정합니다.

> **TIP**
>
> [원형 선택 윤곽 도구(Elliptical Marquee Tool)]는 [사각형 선택 윤곽 도구(Rectangular Marquee Tool)]를 잠시 클릭하고 있거나 마우스 오른쪽 단추로 클릭하면 선택할 수 있습니다.

❺ 선택 영역을 복제하기 위해 도구 패널의 [이동 도구(Move Tool)]를 선택하고 Alt를 누른 채 아래쪽으로 드래그합니다.

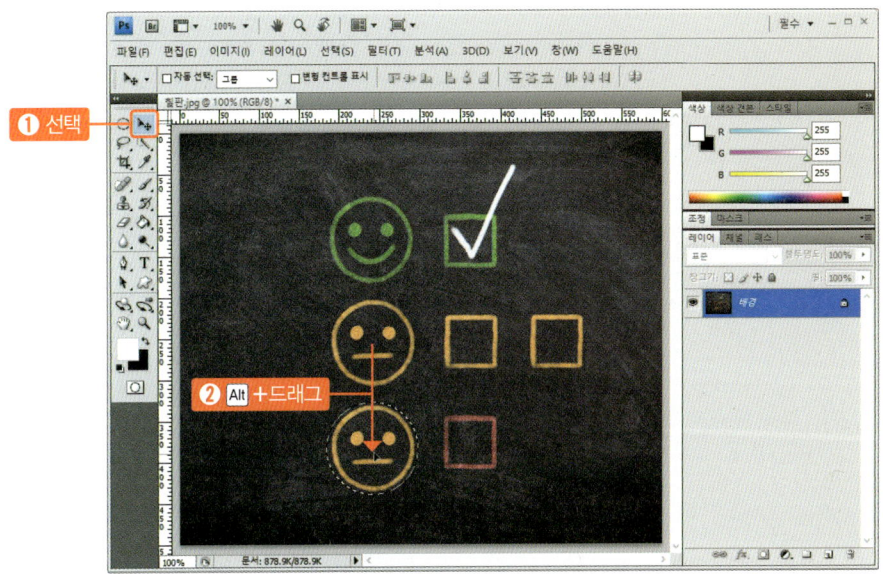

❻ 선택 영역을 해제하기 위해 [선택(Select)]-[선택 해제(Deselect)] 메뉴를 선택하거나 Ctrl+D를 누르거나 선택 영역의 바깥 부분을 마우스로 클릭합니다.

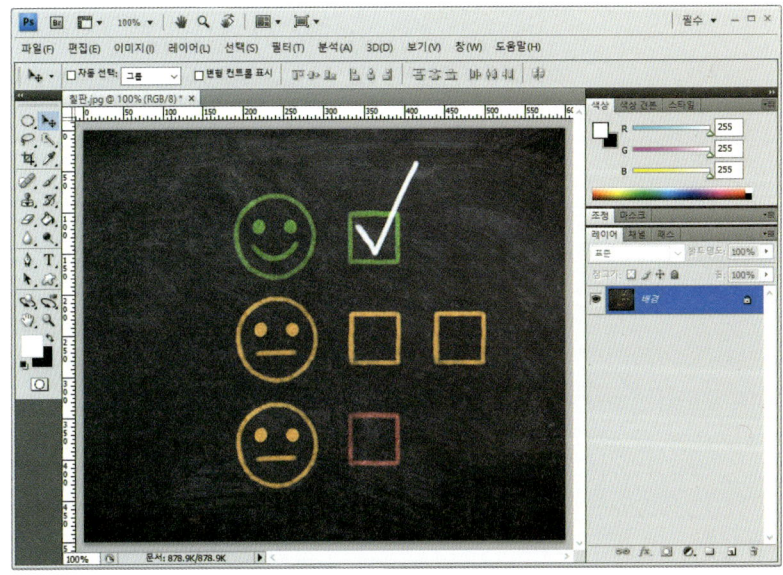

2 출제 패턴

- 시험에서는 원형 모양으로 선택 영역을 지정하는 문제는 거의 출제되지 않습니다.
- 시험 문제 2번에서 액자를 제작할 때 [사각형 선택 윤곽 도구(Rectangular Marquee Tool)]를 사용합니다.
- 사각형이나 원형 모양으로 선택 영역을 지정하는 방법은 기본적으로 알아두시기 바랍니다.

3 실습하기

연습파일 Part1₩Chapter2₩연습파일₩QR코드.jpg
완성파일 Part1₩Chapter2₩완성파일₩QR코드(완성).jpg

《출력형태》

❶ [파일(File)]-[열기(Open)] 메뉴를 선택하거나 Ctrl+O를 눌러 나타나는 [열기(Open)] 대화상자에서 'QR코드.jpg' 이미지 파일을 선택한 후 [열기(Open)] 단추를 클릭합니다.

❷ 복제할 영역을 선택하기 위해 도구 패널의 [□사각형 선택 윤곽 도구(Rectangular Marquee Tool)]를 선택하고 이미지의 왼쪽 위에서 드래그하여 사각형 모양으로 선택 영역을 지정합니다.

❸ 선택 영역을 복제하기 위해 도구 패널의 [이동 도구(Move Tool)]를 선택하고 Alt를 누른 채 복제할 위치로 드래그합니다.

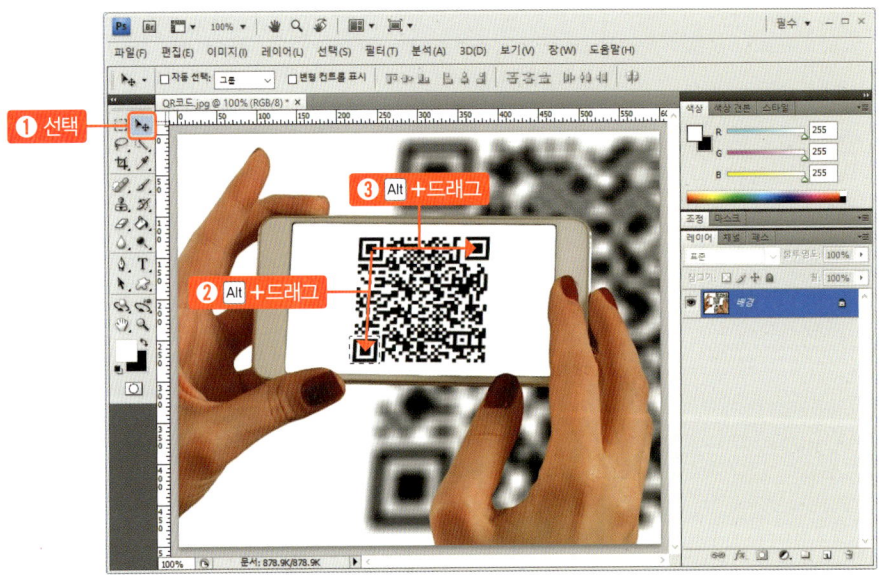

❹ 선택 영역을 해제하기 위해 [선택(Select)]-[선택 해제(Deselect)] 메뉴를 선택하거나 Ctrl + D를 누르거나 선택 영역의 바깥 부분을 마우스로 클릭합니다.

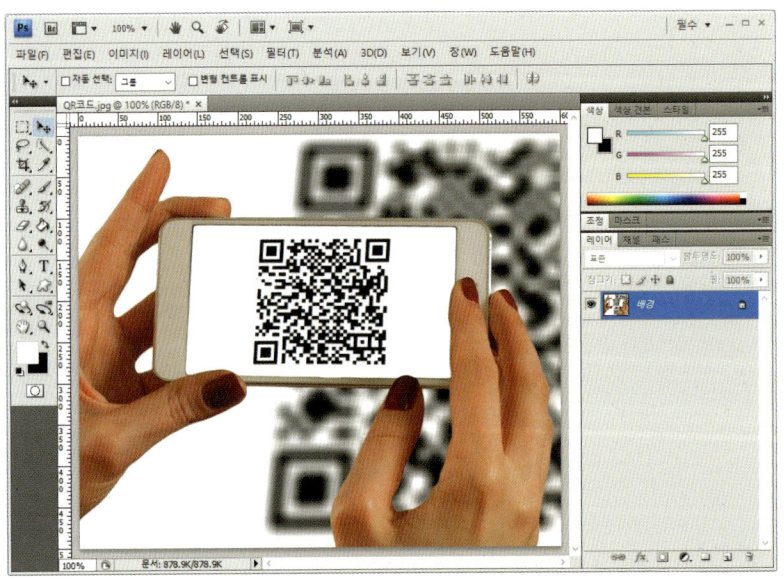

Section 02 올가미 도구로 선택 영역 지정

올가미 도구(Lasso Tool)는 이미지의 가장자리를 마우스로 드래그하여 곡선 형태로 선택 영역을 지정하고, 다각형 올가미 도구(Polygon Lasso Tool)는 이미지의 가장자리를 직선으로 연결하여 다각형 형태로 선택 영역을 지정하며, 자석 올가미 도구(Magnetic Lasso Tool)는 이미지의 가장자리를 따라 마우스 포인터를 이동하면서 자동으로 선택 영역을 지정합니다. 올가미 도구에 대해 살펴보겠습니다.

1 올가미 도구(Lasso Tool)

연습파일 Part1₩Chapter2₩연습파일₩과일채소.jpg
완성파일 Part1₩Chapter2₩완성파일₩과일채소(완성).jpg

❶ [파일(File)]-[열기(Open)] 메뉴를 선택하거나 Ctrl+O를 눌러 나타나는 [열기(Open)] 대화상자에서 '과일채소.jpg' 이미지 파일을 선택한 후 [열기(Open)] 단추를 클릭합니다.

❷ 노란색 브로콜리를 선택하기 위해 도구 패널의 [올가미 도구(Lasso Tool)]를 선택하고 이미지의 가장자리를 따라 마우스로 드래그하여 선택할 영역을 지정합니다.

> **TIP**
> 옵션 바의 [페더(Feather)]는 선택 영역의 경계 부분을 부드럽게 만드는 기능이고, [앤티 앨리어스(Anti-alias)]는 이미지 가장자리의 톱니 모양 같은 계단 현상을 제거하여 경계선을 매끄럽게 만드는 기능입니다.

❸ 선택 영역을 복제하기 위해 도구 패널의 [이동 도구(Move Tool)]를 선택하고 Alt를 누른 채 왼쪽으로 드래그합니다.

TIP

키보드에 Caps Lock 이 켜져 있는 상태에서 도구 패널의 [올가미 도구(Lasso Tool)]를 선택하면 모양으로 표시됩니다.

❹ 양배추를 선택하기 위해 도구 패널의 [다각형 올가미 도구(Polygon Lasso Tool)]를 선택하고 양배추의 가장자리에 시작 지점을 클릭한 이후 클릭할 때마다 직선 선분이 그려지며, 시작 지점을 다시 클릭()하여 선택 영역을 지정합니다.

TIP

[다각형 올가미 도구(Polygon Lasso Tool)]는 [올가미 도구(Lasso Tool)]를 잠시 클릭하고 있거나 마우스 오른쪽 단추를 클릭하면 선택할 수 있습니다.

❺ 선택 영역을 복제하기 위해 도구 패널의 [이동 도구(Move Tool)]를 선택하고 Alt를 누른 채 왼쪽 아래로 드래그합니다.

❻ 파프리카를 선택하기 위해 도구 패널의 [자석 올가미 도구(Magnetic Lasso Tool)]를 선택하고 옵션 바에서 [빈도 수(Frequency)]를 '100'으로 설정합니다.

> **TIP**
>
> [빈도 수(Frequency)]는 올가미가 고정점을 설정하는 속도를 0~100 사이의 값으로 지정하며, 높은 값일수록 선택 영역 테두리가 빠르게 고정됩니다. 조금만 움직여도 포인트가 잡히며 지울 때는 Back Space 로 지웁니다.

❼ 파프리카의 가장자리에 시작 지점을 클릭하고 가장자리를 따라 마우스 포인터를 이동한 후 시작 지점을 다시 클릭하여 선택 영역을 지정합니다.

> **TIP**
>
> [자석 올가미 도구(Magnetic Lasso Tool)]로 선택 영역을 지정할 때에는 마우스를 클릭하여 드래그하지 않아도 이미지 가장자리에 가져가기만 하면 고정점이 생기면서 선택 영역을 지정할 수 있습니다.

❽ 선택 영역을 복제하기 위해 도구 패널의 [이동 도구(Move Tool)]를 선택하고 Alt 를 누른 채 왼쪽 아래로 드래그합니다.

❾ 선택 영역을 해제하기 위해 [선택(Select)]-[선택 해제(Deselect)] 메뉴를 선택하거나 Ctrl + D 를 누르거나 선택 영역의 바깥 부분을 마우스로 클릭합니다.

2 출제 패턴

- 이미지의 선택 영역을 지정하여 복사 또는 이동하는 유형의 문제는 문제 1번부터 문제 4번까지 모든 문제에서 출제됩니다.
- 올가미 도구(Lasso Tool)는 시험에서 거의 사용되지 않습니다. 연속으로 드래그하면서 선택 영역을 지정해야 하므로, 마우스보다는 태블릿 펜으로 선택 영역을 지정할 때 유용하게 사용할 수 있습니다.
- 다각형 올가미 도구(Polygon Lasso Tool)도 시험에서 자주 사용되지 않습니다. 이미지의 가장자리가 직선 위주로 되어 있는 이미지를 선택할 때 유용하게 사용할 수 있습니다.
- 시험에서 이미지의 선택 영역을 지정할 때는 자석 올가미 도구(Magnetic Lasso Tool)나 뒤에서 학습할 빠른 선택 도구(Quick Selection Tool)를 주로 사용합니다.
- 이미지의 선택 영역을 지정하는 작업이 익숙하지 않으면 시간이 많이 걸려서 시험시간이 부족할 수 있으므로, 다양한 형태의 이미지를 선택하는 연습을 충분히 하시기 바랍니다.

3 실습하기

연습파일 Part1₩Chapter2₩연습파일₩곰인형.jpg
완성파일 Part1₩Chapter2₩완성파일₩곰인형(완성).jpg

《출력형태》

❶ [파일(File)]-[열기(Open)] 메뉴를 선택하거나 Ctrl+O를 눌러 나타나는 [열기(Open)] 대화상자에서 '곰인형.jpg' 이미지 파일을 선택한 후 [열기(Open)] 단추를 클릭합니다.

❷ 인형을 선택하기 위해 도구 패널의 [자석 올가미 도구(Magnetic Lasso Tool)]를 선택하고 옵션 바에서 [빈도 수(Frequency)]를 '100'으로 설정합니다.

❸ 인형의 가장자리에 시작 지점을 클릭하고 가장자리를 따라 마우스 포인터를 이동한 후 시작 지점을 다시 클릭하여 선택 영역을 지정합니다.

❹ 선택 영역을 복제하기 위해 도구 패널의 [이동 도구(Move Tool)]를 선택하고 Alt 를 누른 채 왼쪽으로 드래그합니다.

❺ 선택 영역을 해제하기 위해 [선택(Select)]-[선택 해제(Deselect)] 메뉴를 선택하거나 Ctrl + D 를 누르거나 선택 영역의 바깥 부분을 마우스로 클릭합니다.

Section 03 빠른 선택 도구로 선택 영역 지정

이미지의 경계선이 뚜렷하거나 색상이 비슷한 경우 빠른 선택 도구(Quick Selection Tool)나 자동 선택 도구(Magic Wand Tool)를 사용하면 매우 빠르고 편리하게 작업할 수 있습니다. 빠른 선택 도구나 자동 선택 도구에 대해 살펴보겠습니다.

1 빠른 선택 도구(Quick Selection Tool)

1 빠른 선택 도구

- 크기를 조정할 수 있는 둥근 브러쉬로 비슷한 색상의 영역을 빠르게 선택할 수 있습니다.
- 도구 패널의 [빠른 선택 도구(Quick Selection Tool)]를 선택하고, 옵션 바에서 브러쉬의 크기 등을 지정한 후에 선택하려는 영역을 클릭하거나 드래그하면 됩니다.
- 옵션 바는 다음과 같습니다.

❶ **새 선택 영역** : 선택 영역을 새로 지정합니다.
❷ **선택 영역에 추가** : 현재 선택 영역에서 추가로 지정합니다. 그냥 클릭해도 됩니다.
❸ **선택 영역에서 빼기** : 현재 선택 영역에서 뺍니다. Alt를 누른 채 클릭해도 됩니다.
❹ **브러쉬 피커 열기** : 브러쉬의 직경이나 경도, 간격 등을 설정합니다.

- 브러쉬의 크기(직경)는 1~2500 사이의 값으로 지정하며, 높은 값일수록 브러쉬의 크기가 커집니다.
- 오른쪽 대괄호( ])를 누르면 브러쉬의 크기가 커지고, 왼쪽 대괄호([ )를 누르면 브러쉬의 크기가 작아집니다.

2 자동 선택 도구

- 클릭한 부분의 색상과 비슷한 색상의 영역을 한 번에 자동으로 선택할 수 있습니다.
- 도구 패널의 [자동 선택 도구(Magic Wand Tool)]를 선택하고, 옵션 바에서 허용치(Tolerance) 등을 지정한 후에 선택하려는 영역을 클릭하면 됩니다.
- 옵션 바는 다음과 같습니다.

❶ **새 선택 영역** : 선택 영역을 새로 지정합니다.

❷ **선택 영역에 추가** : 현재 선택 영역에서 추가로 지정합니다. Shift 를 누른 채 클릭해도 됩니다.

❸ **선택 영역에서 빼기** : 현재 선택 영역에서 뺍니다. Alt 를 누른 채 클릭해도 됩니다.

❹ **선택 영역과 교차** : 다른 선택 영역과 교차하는 영역만 선택합니다.

❺ **허용치(Tolerance)** : 선택된 픽셀과의 유사성을 설정합니다.

- 허용치(Tolerance)는 0~255 사이의 값으로 지정하며 높은 값일수록 넓은 범위가 선택됩니다.

▲ 허용치 10

▲ 허용치 30

▲ 허용치 50

2 출제 패턴

- 이미지의 선택 영역을 지정하여 복사 또는 이동하는 유형의 문제는 문제 1번부터 문제 4번까지 모든 문제에서 출제됩니다.

- 빠른 선택 도구(Quick Selection Tool)는 이미지의 경계선이 뚜렷하거나 색상이 비슷한 경우 선택 영역을 지정할 때 유용하게 사용할 수 있습니다.

- 자동 선택 도구(Magic Wand Tool)는 단색 배경에 놓인 개체를 선택할 때 유용합니다. 배경을 선택한 후 [선택(Select)]-[반전(Inverse)] 메뉴를 선택하거나 Shift + Ctrl + I 를 눌러 선택 영역을 반전시키면 개체를 선택할 수 있습니다.

- 작업시간을 줄일 수 있는 도구이므로 사용 방법을 숙지하고 충분히 연습하면 시험시간이 부족하지 않을 것입니다.

3 실습하기

연습파일 Part1₩Chapter2₩연습파일₩열기구.jpg
완성파일 Part1₩Chapter2₩완성파일₩열기구(완성).jpg

《출력형태》

❶ [파일(File)]-[열기(Open)] 메뉴를 선택하거나 Ctrl+O를 눌러 나타나는 [열기(Open)] 대화상자에서 '열기구.jpg' 이미지 파일을 선택한 후 [열기(Open)] 단추를 클릭합니다.

❷ 열기구를 선택하기 위해 도구 패널의 [빠른 선택 도구(Quick Selection Tool)]를 선택하고 열기구 이미지를 여러 번 클릭하거나 드래그하여 선택 영역을 지정합니다.

❸ 크기가 작은 영역은 화면을 확대한 후 브러쉬의 크기를 작게 하여 선택하면 됩니다.

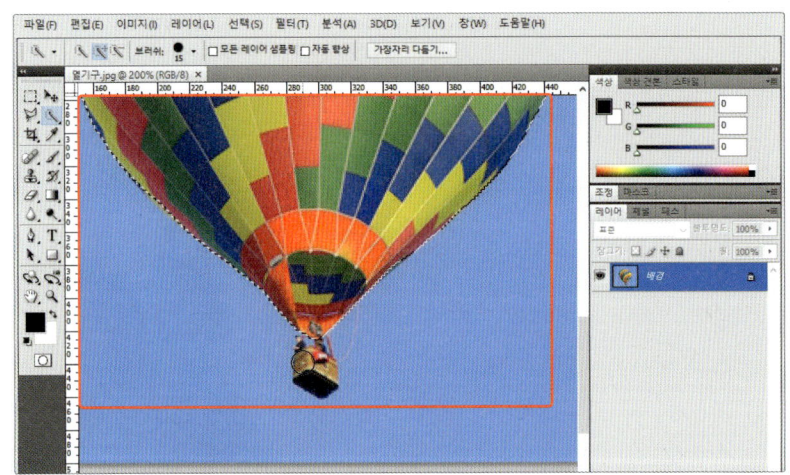

> **TIP**
>
> 화면 확대는 [보기(View)]-[확대(Zoom In)] 메뉴를 선택하거나 Ctrl + + 를 누르면 되고, 화면 축소는 [보기(View)]-[축소(Zoom Out)] 메뉴를 선택하거나 Ctrl + - 를 누르면 됩니다.

❹ 선택 영역 지정이 완료되었습니다.

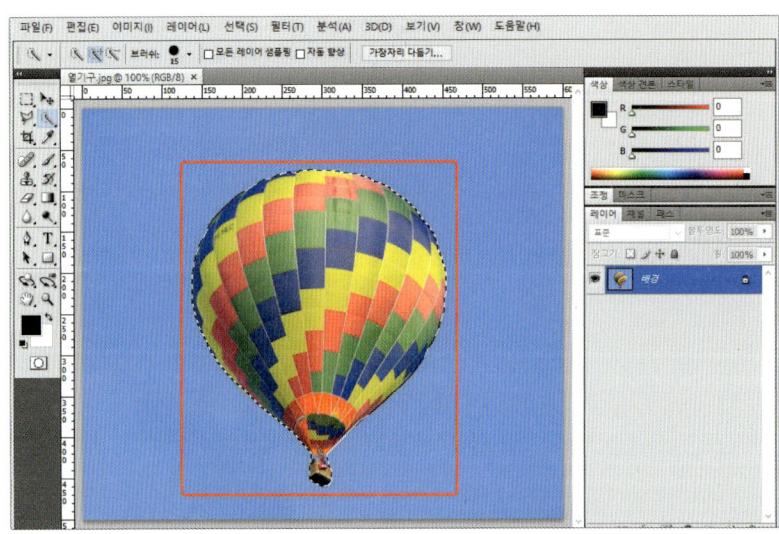

❺ 선택 영역을 해제하기 위해 [선택(Select)]-[선택 해제(Deselect)] 메뉴를 선택하거나 Ctrl + D 를 누르거나 선택 영역의 바깥 부분을 마우스로 클릭합니다.

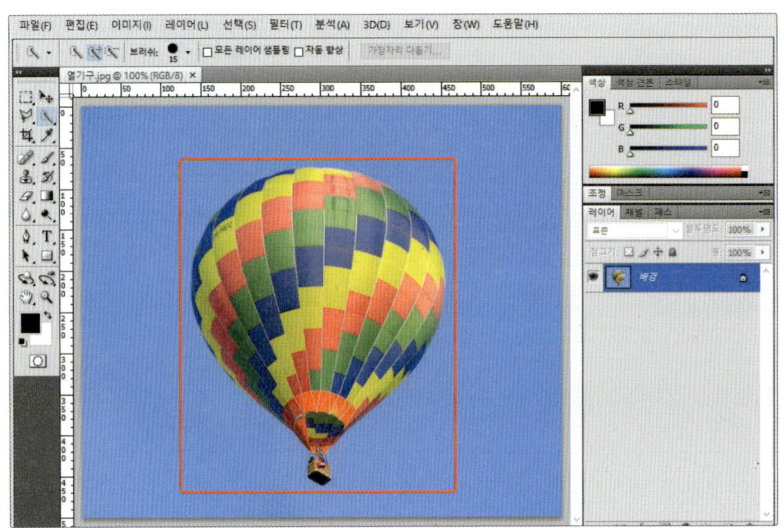

⑥ 다른 방법으로 선택하기 위해 도구 패널의 [자동 선택 도구(Magic Wand Tool)]를 선택하고 배경을 클릭합니다.

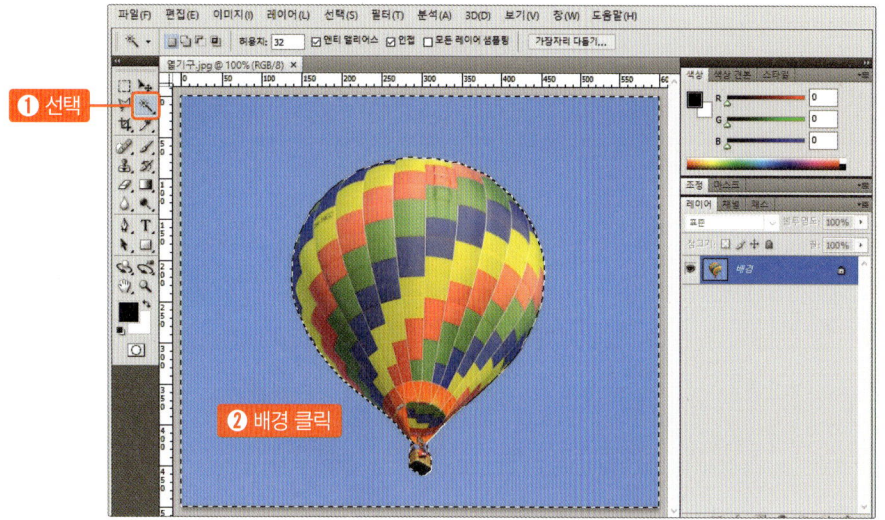

⑦ 선택 영역을 반전시키기 위해 [선택(Select)]-[반전(Inverse)] 메뉴를 선택하거나 Shift + Ctrl + I 를 누릅니다.

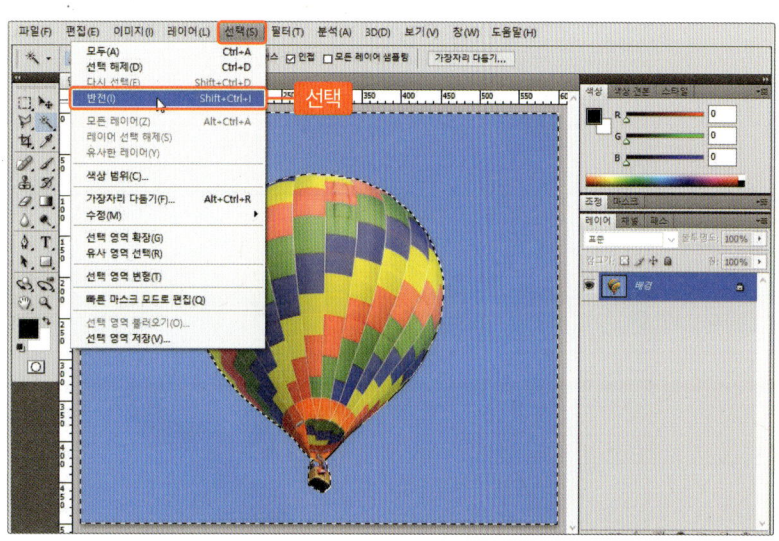

⑧ 선택 영역 지정이 완료되었습니다.

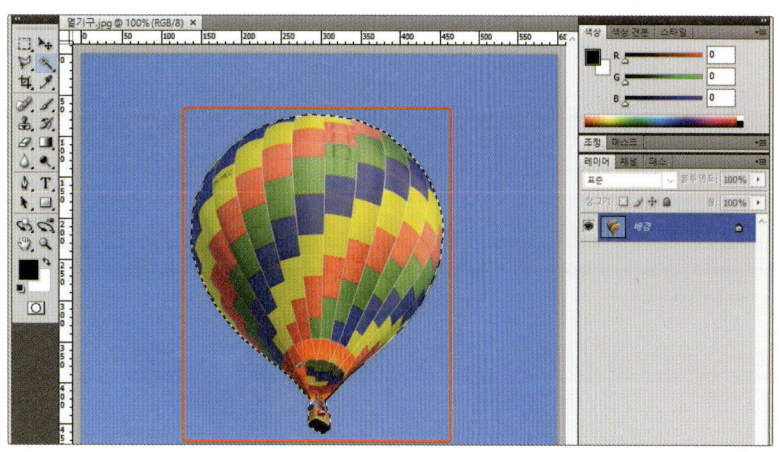

❾ 선택 영역을 복제하기 위해 도구 패널의 [이동 도구(Move Tool)]를 선택하고 Alt 를 누른 채 복제할 위치로 드래그합니다.

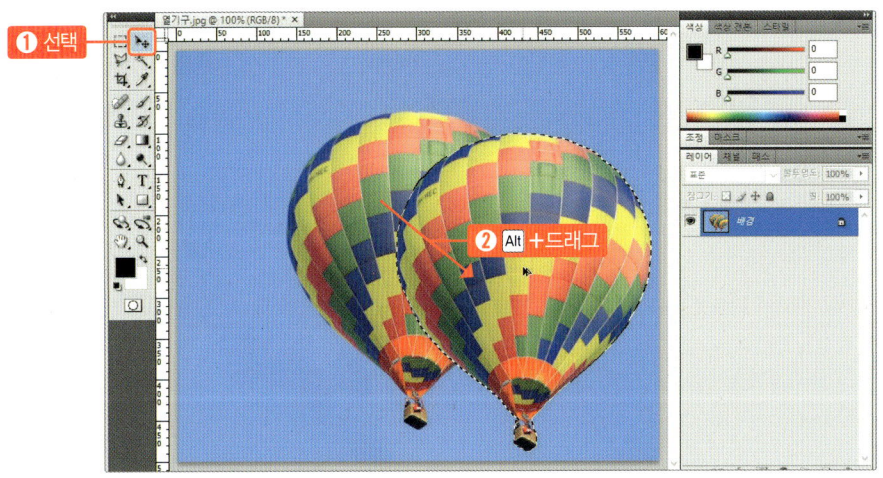

❿ 이미지가 복제되면 [편집(Edit)]-[자유 변형(Free Transform)] 메뉴를 선택하거나 Ctrl + T 를 눌러 크기 조절점을 드래그하여 크기를 조절한 후 Enter 를 누릅니다.

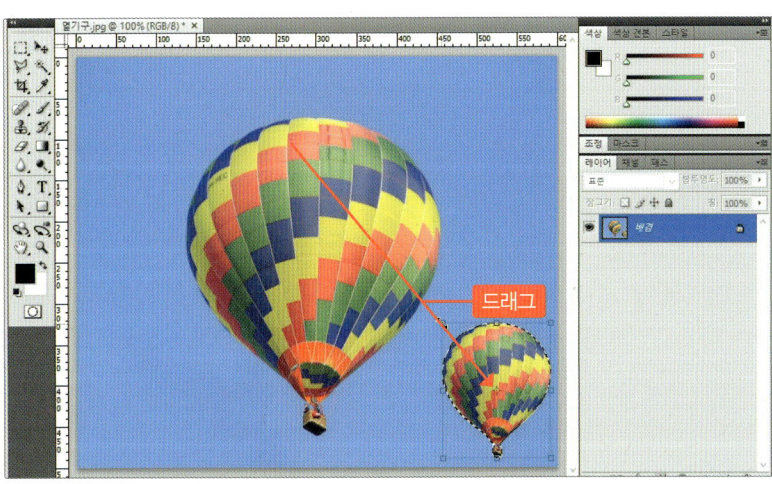

TIP

자유 변형(Free Transform)에 대해서는 뒤에서 자세하게 학습하겠습니다.

⓫ 선택 영역을 해제하기 위해 [선택(Select)]-[선택 해제(Deselect)] 메뉴를 선택하거나 Ctrl + D 를 누르거나 선택 영역의 바깥 부분을 마우스로 클릭합니다.

Graphic Technology Qualification

CHAPTER 03
이미지 편집하기

Section 01 이미지 회전하기

Section 02 이미지 자유 변형하기

Section 03 이미지 색상 보정하기

Section 04 이미지에 필터 적용하기

Section 01 이미지 회전하기

시험 문제에서 이미지를 복제할 때 크기만 변경하여 복제할 때도 있지만, 이미지 회전까지 같이 작업하는 경우가 많습니다. 이번 섹션에서는 이미지 회전에는 어떤 종류가 있고, 어떻게 회전시키는지에 대해 살펴보겠습니다.

1 이미지 회전하기

▲ 원본

▲ 시계 방향으로 90도 회전

▲ 반시계 방향으로 90도 회전

▲ 180도 회전

▲ 가로로 뒤집기

▲ 세로로 뒤집기

2 출제 패턴

- 시험에서는 이미지를 복제할 때 이미지를 가로나 세로로 뒤집거나 회전하여 복제하는 경우가 많습니다.
- 시험에 출제되는 이미지 회전은 가로로 뒤집기가 가장 많이 출제되고, 세로로 뒤집기도 가끔씩 출제됩니다.
- 이미지를 가로나 세로로 뒤집거나 90도나 180도로 회전하는 것이 아니라 조금씩 회전하는 문제도 출제되는데, 이것은 다음 섹션에서 학습하겠습니다.

3 실습하기

연습파일 Part1₩Chapter3₩연습파일₩큐브.jpg
완성파일 Part1₩Chapter3₩완성파일₩큐브(완성).jpg

《출력형태》

❶ [파일(File)]-[열기(Open)] 메뉴를 선택하거나 Ctrl+O를 눌러 나타나는 [열기(Open)] 대화상자에서 '큐브.jpg' 이미지 파일을 선택한 후 [열기(Open)] 단추를 클릭합니다.

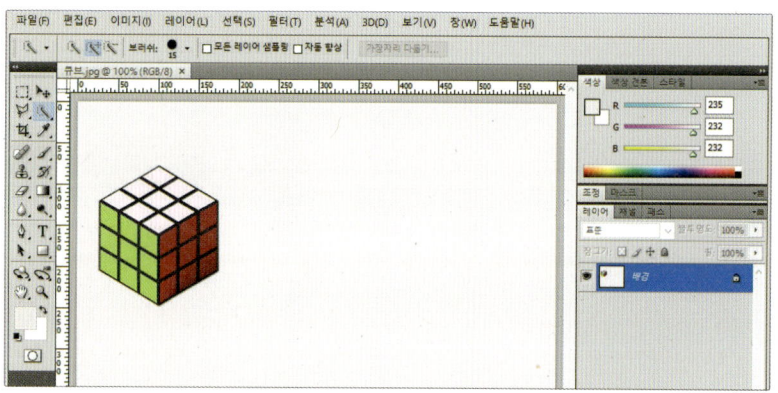

❷ 큐브를 선택하기 위해 도구 패널의 [자석 올가미 도구(Magnetic Lasso Tool)]나 [빠른 선택 도구(Quick Selection Tool)]를 선택하고 선택 영역을 지정한 후 Ctrl+C를 눌러 선택 영역을 복사합니다.

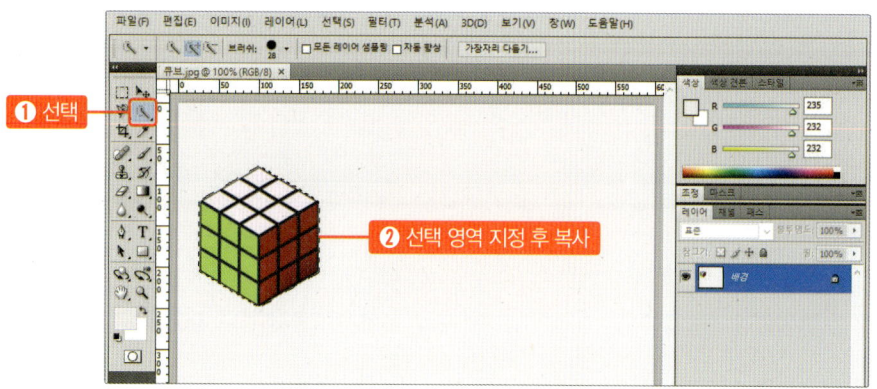

❸ Ctrl+V를 눌러 복사된 이미지를 붙여 넣은 후 도구 패널의 [이동 도구(Move Tool)]를 선택하고 드래그하여 이동합니다. 오른쪽의 레이어 패널에 '레이어 1(Layer 1)'이라는 레이어가 추가되었습니다.

> **TIP**
>
> [이동 도구(Move Tool)]를 선택하고 Alt를 누른 채 드래그하면 동일한 레이어에 복제되기 때문에 따로 편집할 수가 없습니다. Ctrl+C를 눌러 복사한 후 Ctrl+V를 눌러 붙여 넣으면 새로운 레이어가 생성되면서 복제되기 때문에 따로 편집할 수가 있습니다. 레이어에 대해서는 뒤에서 살펴보겠습니다.

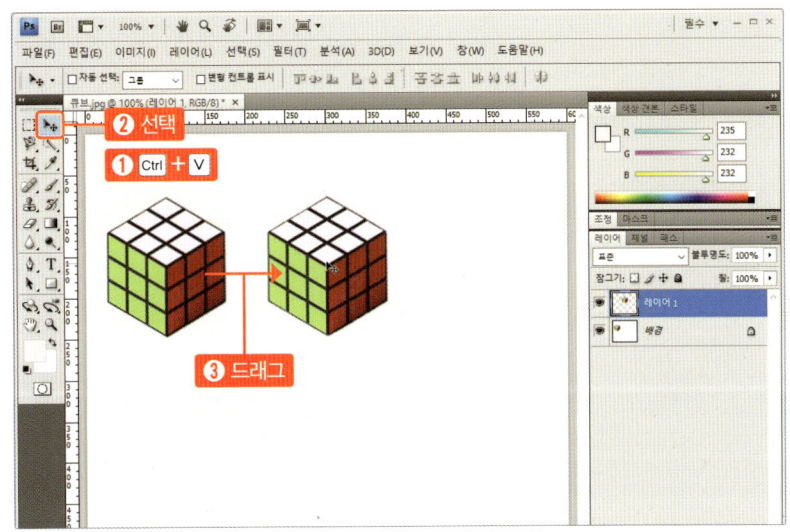

❹ 동일한 방법으로 큐브를 4개 더 복제합니다.

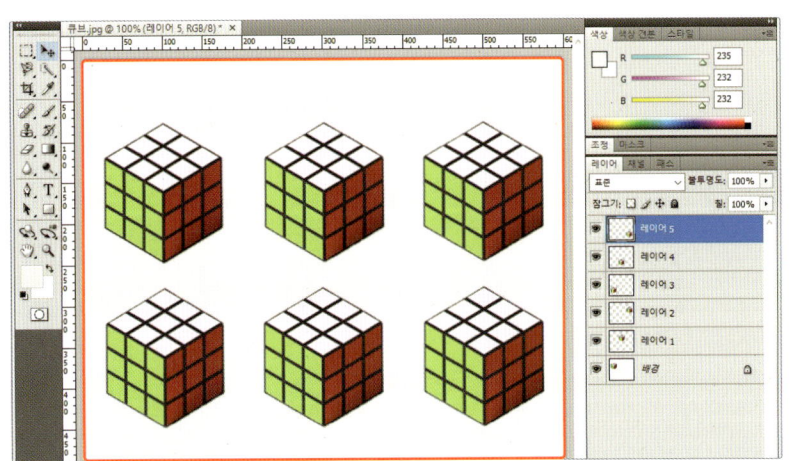

❺ 두 번째 이미지를 시계 방향으로 90도 회전하기 위해 레이어 패널의 '레이어 1(Layer 1)'을 클릭하여 선택한 후 [편집(Edit)]-[변형(Transform)]-[시계 방향으로 90도 회전(Rotate 90° CW)] 메뉴를 선택합니다.

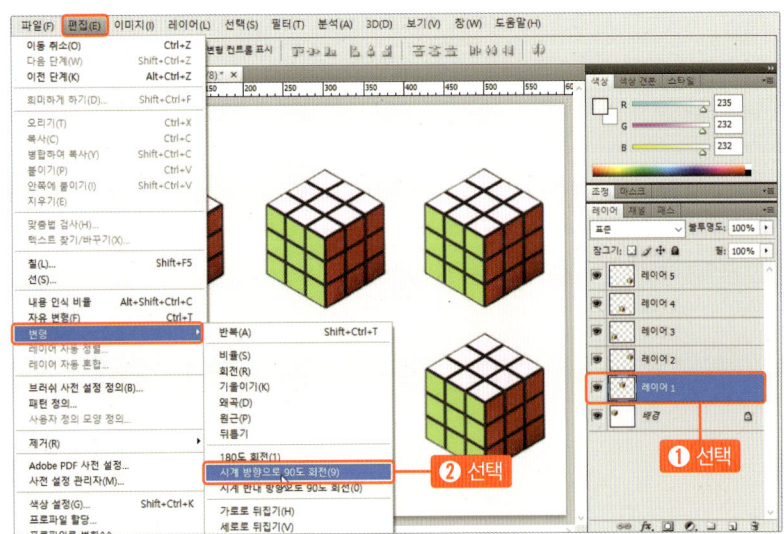

❻ 세 번째 이미지를 시계 반대 방향으로 90도 회전하기 위해 레이어 패널의 '레이어 2(Layer 2)'를 클릭하여 선택한 후 [편집(Edit)]-[변형(Transform)]-[시계 반대 방향으로 90도 회전(Rotate 90° CCW)] 메뉴를 선택합니다.

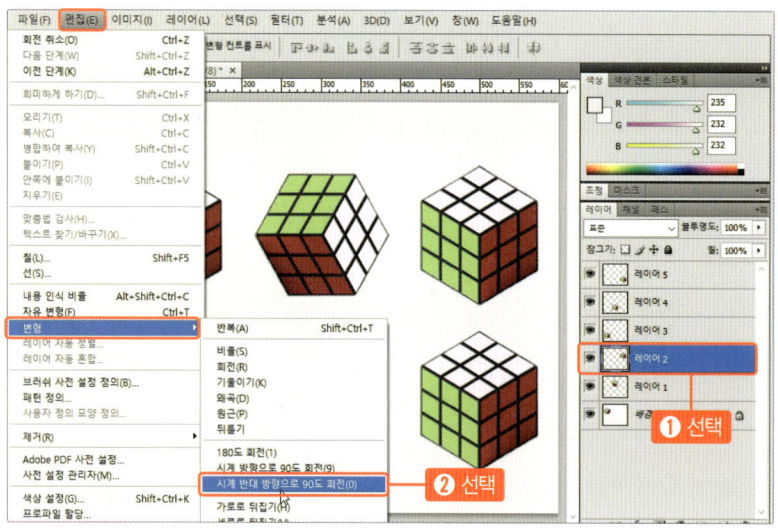

❼ 네 번째 이미지를 180도 회전하기 위해 레이어 패널의 '레이어 3(Layer 3)'을 클릭하여 선택한 후 [편집(Edit)]-[변형(Transform)]-[180도 회전(Rotate 180°)] 메뉴를 선택합니다.

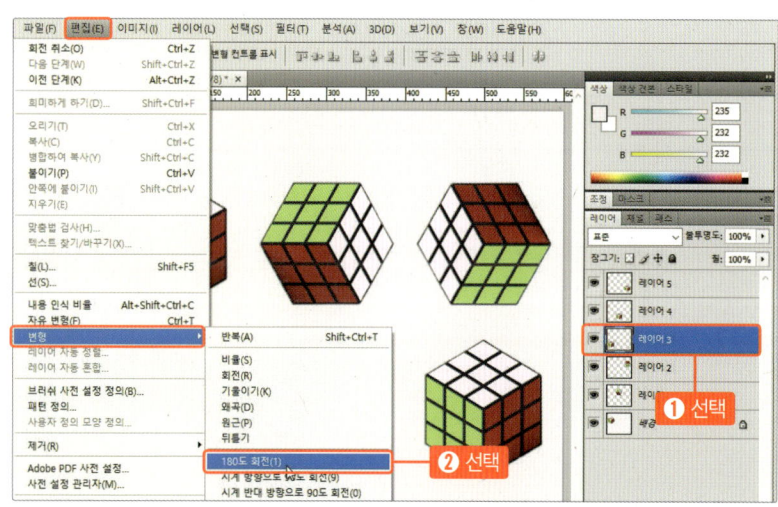

❽ 다섯 번째 이미지를 가로로 뒤집기 위해 레이어 패널의 '레이어 4(Layer 4)'를 클릭하여 선택한 후 [편집(Edit)]-[변형(Transform)]-[가로로 뒤집기(Flip Horizontal)] 메뉴를 선택합니다.

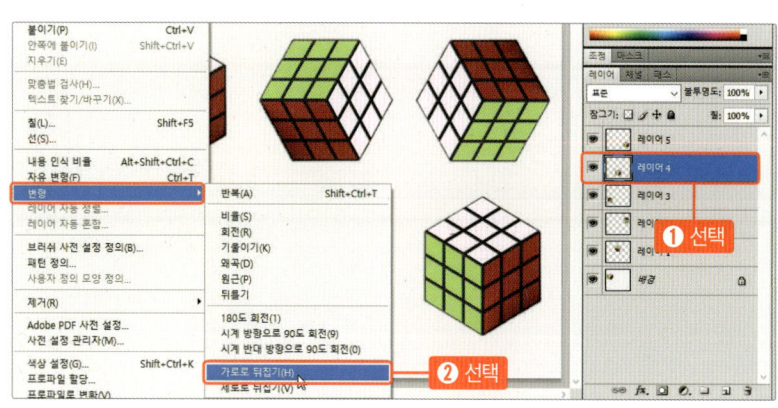

❾ 여섯 번째 이미지를 세로로 뒤집기 위해 레이어 패널의 '레이어 5(Layer 5)'를 클릭하여 선택한 후 [편집(Edit)]-[변형(Transform)]-[세로로 뒤집기(Flip Vertical)] 메뉴를 선택합니다.

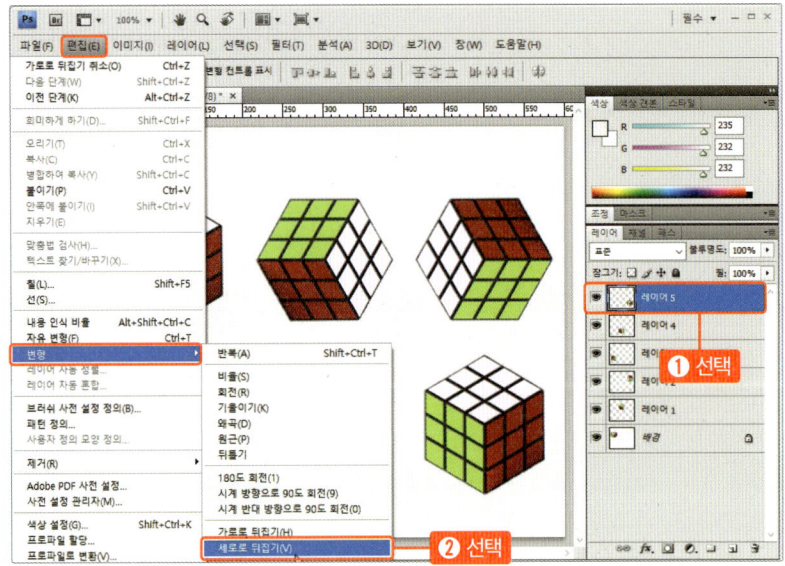

❿ 《출력형태》와 같이 완성되었습니다.

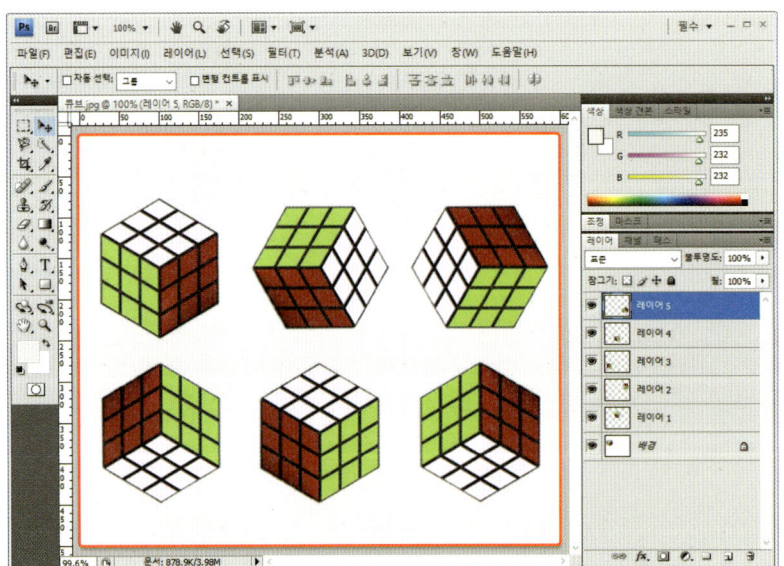

Section 02 이미지 자유 변형하기

> 자유 변형(Free Transform)을 이용하면 이미지 편집시 자주 사용되는 크기 조절, 회전, 이동 등을 편리하게 할 수 있습니다. 이번 섹션에서는 자유 변형의 기능과 사용 방법에 대해 살펴보겠습니다.

1 자유 변형하기

- 자유 변형(Free Transform)은 크기 조절, 회전, 왜곡, 기울이기 등 여러 가지 변형 작업뿐만 아니라 이동도 편리하게 수행할 수 있습니다.
  1. **크기 조절** : 마우스 포인터를 경계 테두리의 크기 조절점에 위치하여 포인터가 이중 화살표로 바뀌면 드래그합니다. 일정한 비율로 조정하려면 Shift를 누른 채 모서리의 크기 조절점을 드래그하면 됩니다.
  2. **회전** : 마우스 포인터를 경계 테두리 밖으로 이동하여 포인터가 구부러진 이중 화살표로 바뀌면 드래그합니다. 15도씩 회전하려면 Shift를 누른 채 드래그하면 됩니다.
  3. **왜곡** : Ctrl을 누른 채 크기 조절점을 드래그합니다.
  4. **기울이기** : Ctrl+Shift를 누른 채 크기 조절점을 드래그합니다.
  5. **이동** : 선택 영역 안을 드래그합니다.
- [편집(Edit)]-[자유 변형(Free Transform)] 메뉴를 선택하거나 Ctrl+T를 눌러 크기나 위치 등을 조절한 후 Enter를 누릅니다.
- 변형 작업이 끝나고 나면 반드시 Enter를 눌러야 작업 내용이 적용됩니다.

2 출제 패턴

- 시험에서는 왜곡이나 기울이기는 출제되지 않습니다.
- 자유 변형(Free Transform)은 이미지의 크기 조절, 회전, 이동 시에 사용하면 편리합니다.
- 이미지 크기 조절은 [편집(Edit)]-[변형(Transform)]-[비율(Scale)] 메뉴에서 실행 가능하고, 이미지 회전은 [편집(Edit)]-[변형(Transform)]-[회전(Rotate)] 메뉴에서 실행 가능합니다. 또한 이미지 이동은 도구 패널의 [이동 도구(Move Tool)]로 가능하지만, 시험에서는 보통 이미지의 크기 조절과 회전, 이동을 같이 하기 때문에 자유 변형(Free Transform)을 사용하는 것이 훨씬 더 편리합니다.

3 실습하기

연습파일 Part1₩Chapter3₩연습파일₩지도.jpg
완성파일 Part1₩Chapter3₩완성파일₩지도(완성).jpg

《출력형태》

❶ [파일(File)]-[열기(Open)] 메뉴를 선택하거나 Ctrl+O를 눌러 나타나는 [열기(Open)] 대화상자에서 '지도.jpg' 이미지 파일을 선택한 후 [열기(Open)] 단추를 클릭합니다.

❷ 자동차를 선택하기 위해 도구 패널의 [자석 올가미 도구(Magnetic Lasso Tool)]나 [빠른 선택 도구(Quick Selection Tool)]를 선택하고 선택 영역을 지정한 후 Ctrl+C를 눌러 선택 영역을 복사합니다.

TIP

[보기(View)]-[확대(Zoom In)] 메뉴를 선택하거나 Ctrl+[+]를 눌러 화면을 확대하면 선택 영역을 지정하기가 수월합니다.

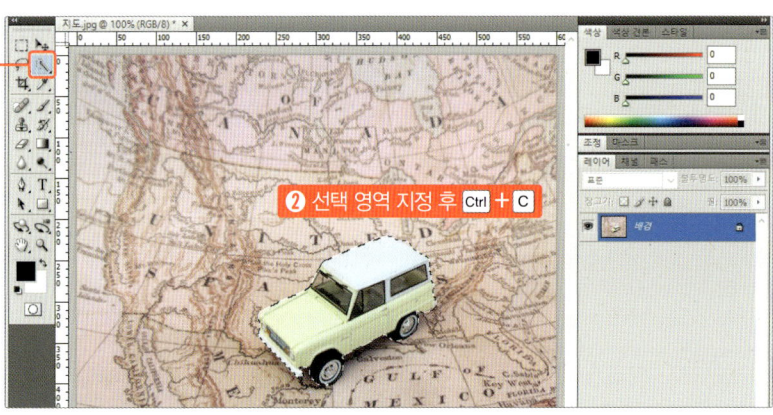

❸ Ctrl+V를 눌러 복사된 이미지를 붙여 넣은 후 가로로 뒤집기 위해 레이어 패널의 '레이어 1(Layer 1)'을 클릭하여 선택한 후 [편집(Edit)]-[변형(Transform)]-[가로로 뒤집기(Flip Horizontal)] 메뉴를 선택합니다.

❹ [편집(Edit)]-[자유 변형(Free Transform)] 메뉴를 선택하거나 Ctrl+T를 눌러 크기 조절점을 드래그하여 크기를 조절하고 선택 영역 안을 드래그하여 위치를 이동한 후 Enter를 누릅니다.

이미지 색상 보정하기

이미지의 색상을 파란색이나 빨간색 등 특정 색 계열로 보정하려면 색조나 채도, 밝기를 조절하면 됩니다. 이번 섹션에서는 문제 2번에서 고정적으로 출제되고 있는 이미지 색상 보정에 대해서 살펴보겠습니다.

1 색조, 채도, 밝기

- **색조(Hue)** : 빨강, 주황, 노랑과 같은 이름으로 식별되는 색상을 나타냅니다.
- **채도(Saturation)** : 색상의 강도 또는 순도를 의미하며, 회색이 포함된 양을 나타냅니다.
- **밝기(Lightness)** : 색상의 밝기를 나타내는 것으로, 명도라고도 합니다.
- 포토샵 CS4에서 이미지의 색상을 보정하려면 [이미지(Image)]-[조정(Adjustments)]-[색조/채도(Hue/Saturation)] 메뉴를 선택하여 나타나는 [색조/채도(Hue/Saturation)] 대화상자에서 색조, 채도, 밝기를 조절하면 됩니다.

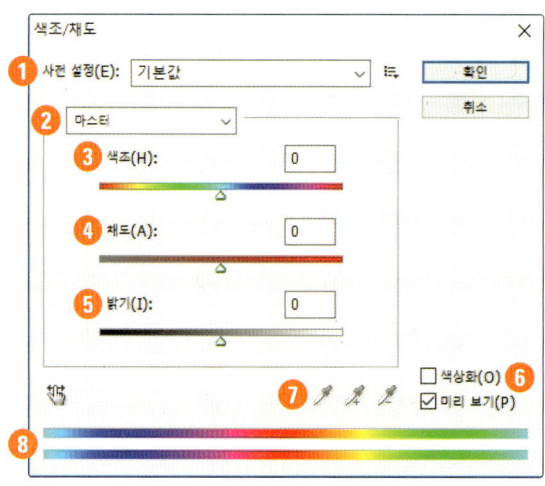

❶ **사전 설정(Preset)** : 자주 사용되는 설정들이 미리 저장되어 있어 선택할 수 있습니다.

❷ **편집(Edit)** : 조정할 색상 기준을 설정합니다.

❸ **색조(Hue)** : 이미지의 색상을 변경하는 것으로, 값의 범위는 -180에서 180 사이입니다.

❹ **채도(Saturation)** : 이미지의 채도를 조절하는 것으로, 값의 범위는 -100에서 100 사이입니다.

❺ **밝기(Lightness)** : 이미지의 명도를 조절하는 것으로, 값의 범위는 -100(검정색)에서 100(흰색) 사이입니다.

❻ **색상화(Colorize)** : 한 가지 색상으로 색상을 보정할 수 있습니다.

❼ **스포이드(Eyedropper)** : 색상을 선택하거나 선택 영역에 추가하거나 선택 영역에서 뺄 수 있습니다.

❽ **그라디언트 바(Gradient Bar)** : 위쪽 바는 기본 색상을 보여주고, 아래쪽 바는 조정된 색상을 보여줍니다.

2 출제 패턴

- 문제 2번에서 이미지의 색상을 특정 색 계열로 보정하는 문제가 고정적으로 출제됩니다.
- 주로 파란색, 빨간색, 보라색, 녹색, 노란색, 주황색, 분홍색 계열로 보정하는 문제가 출제되고 있습니다.
- 색조(Hue)와 채도(Saturation)를 조절하면서 《출력형태》와 가장 유사하게 되도록 보정해야 합니다.

3 실습하기

연습파일 Part1₩Chapter3₩연습파일₩팽이.jpg
완성파일 Part1₩Chapter3₩완성파일₩팽이(완성).jpg

《출력형태》

- 색상 보정 : 팽이.jpg - 녹색 계열로 보정

❶ 팽이 윗부분의 색상을 보정하기 위해 도구 패널의 [자석 올가미 도구(Magnetic Lasso Tool)]를 선택하고 옵션 바에서 [빈도 수(Frequency)]를 '100'으로 설정합니다.

TIP

Ctrl+N을 눌러 600 × 450 pixels 크기의 새로운 캔버스를 만든 후에 연습파일 폴더의 jpg 파일을 열고 복사하여 빈 캔버스에 붙여넣고 작업하시기 바랍니다.

❷ 팽이 윗부분의 가장자리에 시작 지점을 클릭하고 가장자리를 따라 마우스 포인터를 이동한 후 시작 지점을 다시 클릭하여 선택 영역을 지정합니다.

❸ 색상을 보정하기 위해 [이미지(Image)]-[조정(Adjustments)]-[색조/채도(Hue/Saturation)] 메뉴를 선택하거나 Ctrl+U를 누릅니다.

TIP

레이어 패널 아래의 [새 조정 레이어(Create new fill or adjustment layer)] 단추를 클릭하여 [색조/채도(Hue/Saturation)] 메뉴를 선택해도 되는데, 이 경우 우측의 [조정(ADJUSTMENTS)] 패널에서 조절할 수 있습니다.

④ [색조/채도(Hue/Saturation)] 대화상자가 나타나면 [색상화(Colorize)]를 선택하여 한 가지 색상 계열이 되게 하고, [색조(Hue)]와 [채도(Saturation)]의 슬라이더를 드래그하여 녹색 계열이 되도록 조절한 후 [확인(OK)] 단추를 클릭합니다.

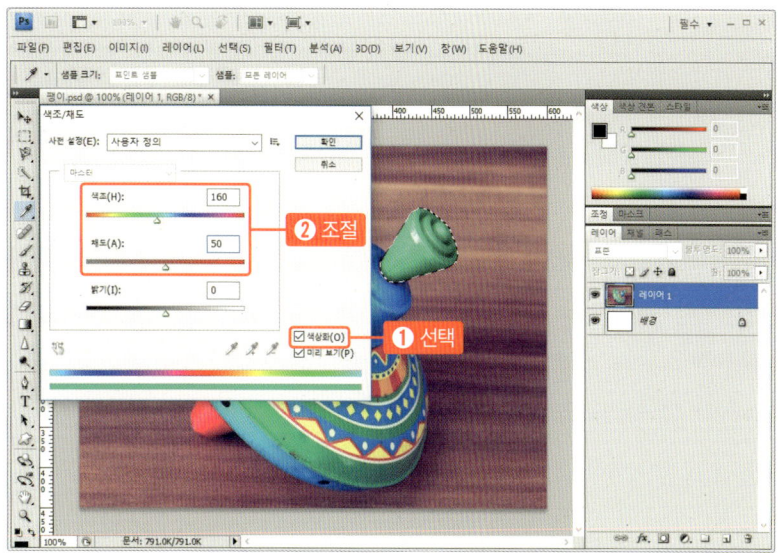

TIP

이미지의 색상에 따라 [색조(Hue)]와 [채도(Saturation)]의 값이 달라지므로, 조절되는 값에 따라 이미지의 색상이 변경되는 것을 확인하면서 작업해야 합니다.

⑤ 선택 영역이 녹색 계열로 보정된 것을 확인한 후 [선택(Select)]-[선택 해제(Deselect)] 메뉴를 선택하거나 Ctrl + D 를 눌러 선택 영역을 해제합니다.

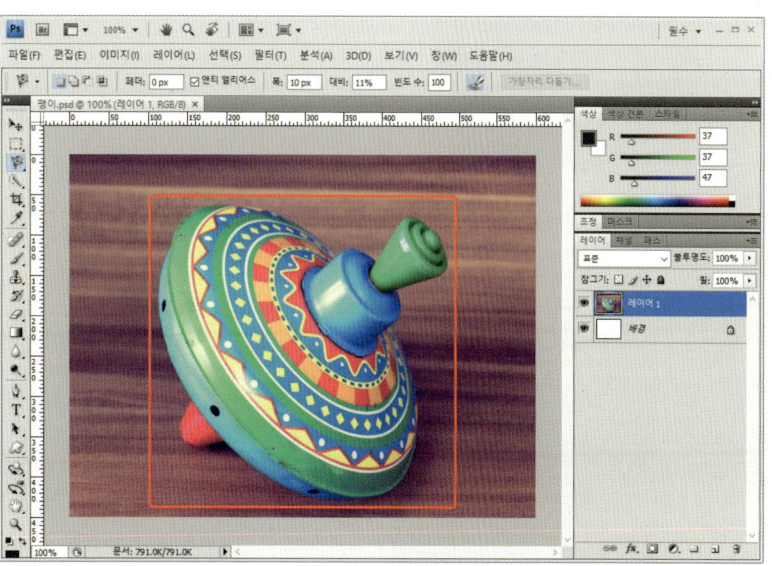

이미지에 필터 적용하기

카메라에 필터를 장착하면 특수 효과가 적용된 사진을 촬영할 수 있듯이 포토샵에서도 카메라 필터와 유사한 필터들을 제공하고 있습니다. 이번 섹션에서는 매 시험마다 4문제 정도 출제되는 필터에 대해서 살펴보겠습니다.

1 필터(Filter)

- 이미지의 전체 또는 일부분에 미리 지정해 놓은 필터 효과를 적용할 수 있습니다.
- 포토샵 CS4에서 제공되는 필터의 종류는 노이즈(Noise), 렌더(Render), 브러쉬 선(Brush Strokes), 비디오(Video), 선명 효과(Sharpen), 스케치 효과(Sketch), 스타일화(Stylize), 예술 효과(Artistic), 왜곡(Distort), 텍스처(Texture), 픽셀화(Pixelate), 흐림 효과(Blur), 기타(Other)입니다.
- 필터의 종류(최근 시험에 출제된 필터)

◀ 원본 이미지

❶ **노이즈(Noise)** : 이미지에 잡티를 추가하거나 제거하는 필터입니다.

◀ 노이즈 추가(Add Noise)

❷ **렌더(Render) :** 빛과 렌즈, 구름 효과를 이용한 필터입니다.

▲ 렌즈 플레어(Lens Flare)

❸ **브러쉬 선(Brush Strokes) :** 이미지에 붓으로 문지른 것 같은 효과를 적용하여 이미지 윤곽선을 강조하는 필터입니다.

▲ 각진 선(Angled Strokes)　　▲ 강조된 가장자리(Accented Edges)　　▲ 그물눈(Crosshatch)

▲ 어두운 선(Dark Strokes)　　▲ 잉크 윤곽선(Ink Outlines)

④ **스케치 효과(Sketch)** : 여러 가지 스케치 방식의 효과를 적용하는 필터입니다.

▲ 물 종이(Water Paper)

⑤ **예술 효과(Artistic)** : 그림처럼 예술적인 효과로 이미지를 변경하는 필터입니다.

▲ 거친 파스텔 효과(Rough Pastels)　　▲ 드라이 브러쉬(Dry Brush)　　▲ 색연필(Colored Pencil)

▲ 수채화 효과(Watercolor)　　▲ 스폰지(Sponge)　　▲ 오려내기(Cutout)

▲ 페인트 덥스(Paint Daubs)

▲ 포스터 가장자리(Poster Edges)

▲ 프레스코(Fresco)

▲ 필름 그레인(Film Grain)

❻ 왜곡(Distort) : 이미지를 왜곡시키는 필터입니다.

▲ 광선 확산(Diffuse Glow)

▲ 바다 물결(Ocean Ripple)

❼ **텍스처(Texture)** : 여러 가지 질감 효과를 적용하는 필터입니다.

▲ 모자이크 타일(Mosaic Tiles)　　▲ 채색 유리(Stained Glass)　　▲ 텍스처화(Texturizer)

▲ 패치워크(Patchwork)

❽ **픽셀화(Pixelate)** : 비슷한 색상의 픽셀들을 묶어주는 필터입니다.

▲ 단면화(Facet)

2 출제 패턴

- 문제 1번에서는 출제되지 않으며, 문제 2번과 3번에서는 1개, 문제 4번에서는 2개가 출제됩니다.
- 포토샵 CS4에서 제공되는 필터의 종류는 100개지만, 시험에는 약 25개 정도가 출제되고 있습니다.
- 시험에는 주로 텍스처화(Texturizer), 드라이 브러쉬(Dry Brush), 그물눈(Crosshatch), 패치워크(Patchwork), 채색 유리(Stained Glass), 필름 그레인(Film Grain) 순으로 자주 출제되고 있습니다.
- 필터 문제는 [필터(Filter)] 메뉴에서 문제에서 지정된 필터 종류만 선택하여 나타난 대화상자에서 [확인(OK)] 단추만 클릭하면 됩니다. 다만 렌즈 플레어(Lens Flare) 필터의 경우 광원 위치를 조절해야 할 수도 있습니다.

3 실습하기

연습파일 Part1₩Chapter3₩연습파일₩자동차.jpg
완성파일 Part1₩Chapter3₩완성파일₩자동차(완성).jpg

《출력형태》

- **자동차.jpg** : 필터 - Texturizer(텍스처화)

① 필터를 적용하기 위해 [필터(Filter)]-[텍스처(Texture)]-[텍스처화(Texturizer)] 메뉴를 선택합니다.

> **TIP**
>
> Ctrl+N을 눌러 600 × 450 pixels 크기의 새로운 캔버스를 만든 후에 연습파일 폴더의 jpg 파일을 열고 복사하여 빈 캔버스에 붙여넣고 작업하시기 바랍니다.

❷ [텍스처화(Texturizer)] 대화상자가 나타나면 [확인(OK)] 단추를 클릭합니다.

❸ [텍스처화(Texturizer)] 필터가 적용되었습니다.

Graphic Technology Qualification

CHAPTER 04
모양 그리기 및 꾸미기

Section 01 모양 그리기

Section 02 모양에 레이어 스타일 적용하기

Section 01 모양 그리기

사용자 정의 모양을 그리고 레이어 스타일을 적용하는 문제는 문제 1, 3, 4번에서 모두 출제될 정도로 중요합니다. 《출력형태》를 보고 동일한 모양을 그린 후 레이어 스타일을 적용하면 됩니다. 이번 섹션에서는 사용자 정의 모양의 종류와 모양을 그리는 방법에 대해 살펴보겠습니다.

1 사용자 정의 모양

- [사용자 정의 모양 도구(Custom Shape Tool)]로 다양한 형태의 사용자 정의 모양 목록 중 하나를 선택하여 사용자 정의 모양을 만듭니다.
- 사용자 정의 모양 목록은 모두(All), 동물(Animals), 화살표(Arrows), 배너 및 상장(Banners and Awards), 프레임(Frames), 음악(Music), 자연(Nature), 물건(Objects), 장식(Ornaments), 모양(Shapes), 기호(Symbols), 말풍선(Talk Bubbles), 타일(Tiles), 웹(Web) 등의 그룹으로 분류되어 있습니다.
- 전체 사용자 정의 모양 목록은 다음과 같습니다.

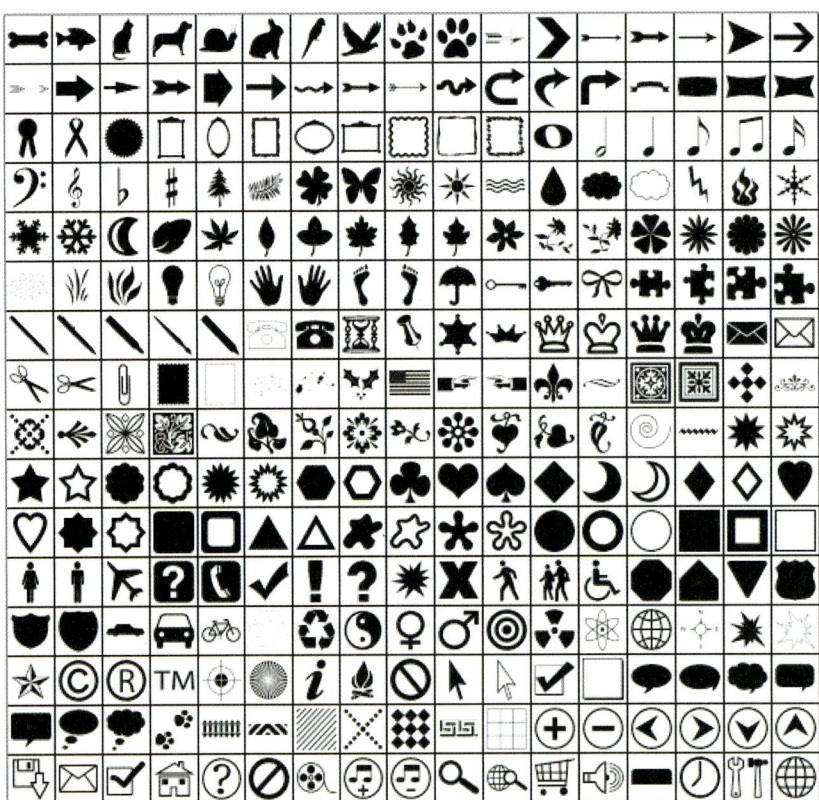

- 도구 패널의 [사용자 정의 모양 도구(Custom Shape Tool)]를 선택하고 옵션 바의 [모양(Shape)]을 클릭하여 표시되는 팝업 패널에서 삽입할 모양을 더블클릭한 후 드래그하면 모양을 만들 수 있습니다.

2 출제 패턴

- 문제 1번에서 2개, 문제 3번에서 2개, 문제 4번에서 3개가 고정적으로 출제되고 있습니다.
- 사용자 정의 모양 삽입 문제는 색상 설정이나 레이어 스타일과 함께 출제됩니다.
- 문제에서는 모양의 이름이 정확하게 주어지지 않으므로, 《출력형태》를 보고 똑같은 모양을 찾아야 합니다.
- 모양을 찾는 데 시간이 많이 걸릴 수 있으므로, 전체 사용자 정의 모양 목록을 눈에 익혀두고 다양한 모양을 그리는 연습을 충분히 하는 것이 좋습니다.

3 실습하기

연습파일 Part1₩Chapter4₩연습파일₩눈사람.jpg
완성파일 Part1₩Chapter4₩완성파일₩눈사람(완성).psd

《출력형태》

- 나무 모양 (#669966)
- 눈 모양 (#ffffff, #ffccff)

① 나무 모양을 삽입하기 위해 도구 패널의 [🎨 사용자 정의 모양 도구(Custom Shape Tool)]를 선택하고 옵션 바의 [모양(Shape)]을 클릭하여 표시되는 팝업 패널에서 '나무'를 더블클릭합니다.

TIP

문제에서 제시된 모양이 보이지 않으면 사용자 정의 모양 목록 오른쪽 위에 표시되는 삼각형을 클릭하여 표시되는 메뉴에서 해당 모양이 속한 그룹을 선택하거나 어느 그룹에 속하는지 모를 경우 [모두(All)]를 선택한 후 [확인(OK)] 단추를 클릭하면 됩니다.

❷ 이전에 적용된 스타일을 없애기 위해 옵션 바의 [스타일(Style)]을 클릭하고 [초기 스타일(없음)(Default Style(None))]을 더블클릭합니다.

❸ 모양의 색상을 설정하기 위해 옵션 바의 색상(Color)을 클릭하여 나타나는 [색상 피커(Color Picker)] 대화상자에서 '669966'을 입력하고 [확인(OK)] 단추를 클릭합니다.

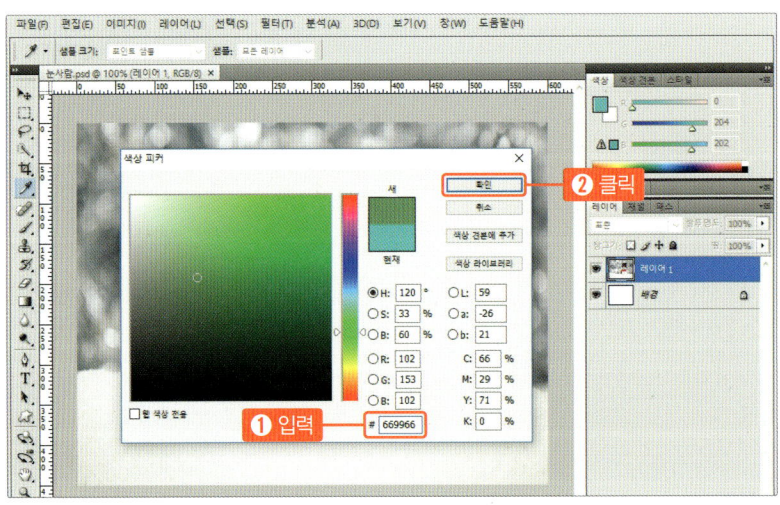

❹ Shift를 누른 채 드래그하여 모양을 그립니다.

⑤ [편집(Edit)]-[자유 변형(Free Transform)] 메뉴를 선택하거나 Ctrl+T를 눌러 크기와 위치를 조절한 후 Enter를 누릅니다.

⑥ 새로운 모양을 새 레이어에 추가하기 위해 레이어 패널 아래의 [새 레이어 생성(Create a new layer)] 아이콘을 클릭합니다.

⑦ 눈 모양을 삽입하기 위해 도구 패널의 [사용자 정의 모양 도구(Custom Shape Tool)]를 선택하고 옵션 바의 [모양(Shape)]을 클릭하여 표시되는 팝업 패널에서 '눈송이 3'을 더블클릭합니다.

⑧ 이전에 적용된 스타일을 없애기 위해 옵션 바의 [스타일(Style)]을 클릭하고 [초기 스타일(없음)(Default Style(None))]을 더블클릭합니다.

⑨ 모양의 색상을 설정하기 위해 옵션 바의 색상(Color)을 클릭하여 나타나는 [색상 피커(Color Picker)] 대화상자에서 'ffffff'를 입력하고 [확인(OK)] 단추를 클릭합니다.

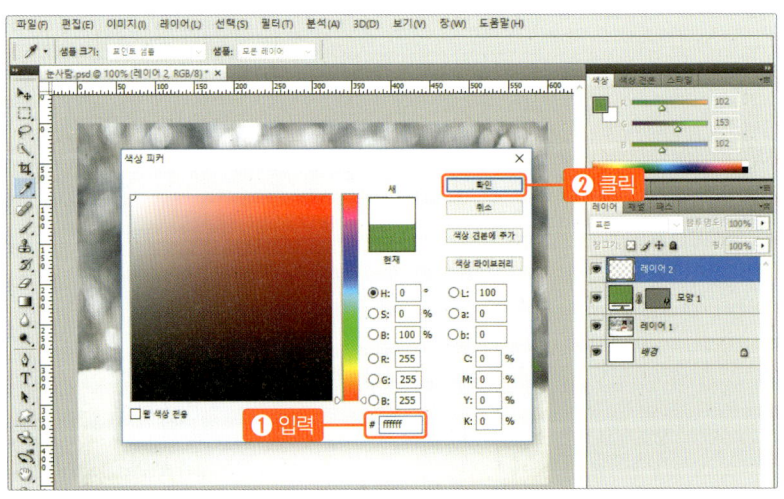

⑩ Shift 를 누른 채 드래그하여 모양을 그립니다.

⑪ [편집(Edit)]-[자유 변형(Free Transform)] 메뉴를 선택하거나 Ctrl+T를 눌러 크기와 위치를 조절한 후 Enter를 누릅니다.

⑫ 눈 모양을 복제하기 위해 도구 패널의 [이동 도구(Move Tool)]를 선택하고 Alt를 누른 채 복제할 위치로 드래그합니다.

⑬ [편집(Edit)]-[자유 변형(Free Transform)] 메뉴를 선택하거나 Ctrl+T를 눌러 크기와 위치를 조절하고 회전시킨 후 Enter를 누릅니다.

⑭ 복제된 모양의 색상을 설정하기 위해 레이어 패널의 [레이어 축소판(Layer thumbnail)]을 더블클릭하여 나타나는 [단색 선택(Pick a solid color)] 대화상자에서 'ffccff'를 입력하고 [확인(OK)] 단추를 클릭합니다.

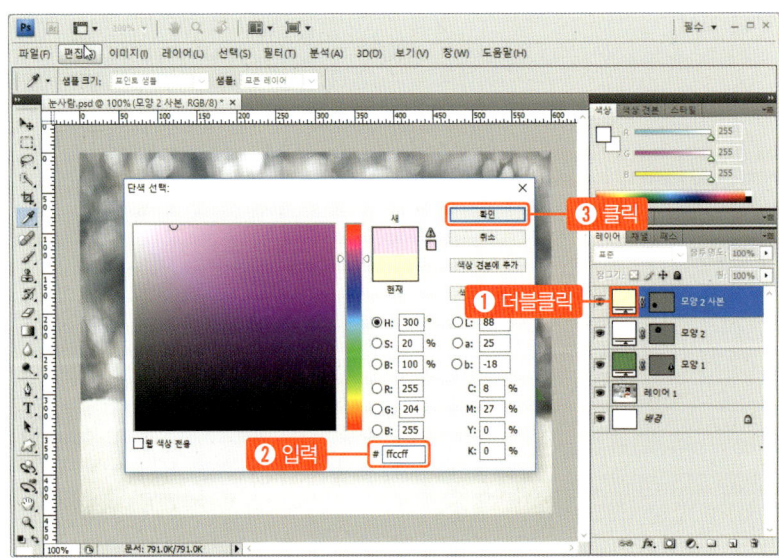

⑮ 《출력형태》와 같이 완성되었습니다.

Section 02 모양에 레이어 스타일 적용하기

모든 모양에는 레이어 스타일을 1~2개 적용하는 형태로 출제됩니다. 또한 레이어 스타일은 모양뿐만 아니라 문자와 이미지에도 적용됩니다. 이번 섹션에서는 레이어 스타일에 대해 살펴보겠습니다.

1 레이어 스타일(Layer Style)

- 레이어 스타일은 레이어 또는 레이어 그룹에 적용되는 효과입니다.
- 레이어 스타일의 종류는 10가지입니다.

　❶ **그림자(Drop Shadow)** : 레이어 내용의 뒤쪽에 그림자 효과를 적용합니다.

　❷ **내부 그림자(Inner Shadow)** : 레이어 내용의 가장자리 바로 안쪽에 그림자 효과를 적용합니다.

❸ **외부 광선(Outer Glow)** : 레이어 내용의 가장자리 바깥으로 빛이 퍼지는 효과를 적용합니다.

❹ **내부 광선(Inner Glow)** : 레이어 내용의 가장자리 안쪽으로 빛이 퍼지는 효과를 적용합니다.

❺ **경사와 엠보스(Bevel and Emboss)** : 레이어 내용에 올록볼록한 효과를 적용하여 입체감을 표시합니다.

❻ **새틴(Satin)** : 레이어 내용에 광택이 비치는 효과를 적용합니다.

❼ **색상 오버레이(Color Overlay)** : 레이어 내용에 색상을 덧씌우는 효과를 적용합니다.

❽ **그라디언트 오버레이(Gradient Overlay)** : 레이어 내용에 그라디언트 효과를 적용합니다.

❾ **패턴 오버레이(Pattern Overlay)** : 레이어 내용에 패턴을 덧씌우는 효과를 적용합니다.

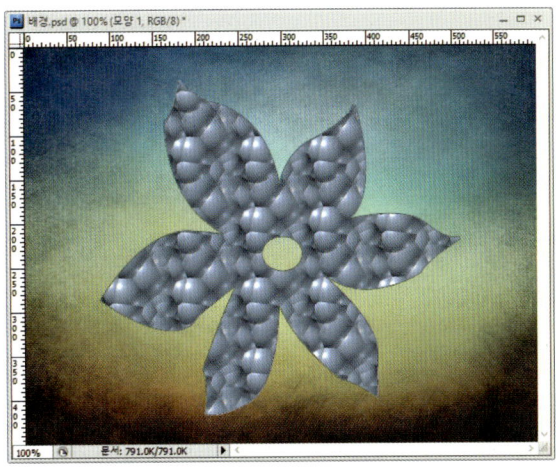

❿ **선(Stroke)** : 레이어 내용의 가장자리 바깥에 테두리를 추가합니다.

2 출제 패턴

- 하나의 모양에 1~2개의 레이어 스타일을 적용하는 형태로 출제됩니다.
- 총 10가지의 레이어 스타일 종류 중 새틴(Satin), 색상 오버레이(Color Overlay), 패턴 오버레이(Pattern Overlay)를 제외한 7가지의 레이어 스타일이 출제됩니다.
- 그림자(Drop Shadow), 내부 그림자(Inner Shadow), 외부 광선(Outer Glow), 내부 광선(Inner Glow), 경사와 엠보스(Bevel and Emboss)는 레이어 스타일을 선택한 후 [레이어 스타일(Layer Style)] 대화상자에서 [확인(OK)] 단추만 클릭하면 됩니다.
- 그라디언트 오버레이(Gradient Overlay), 선(Stroke)은 스타일을 선택한 후 [레이어 스타일(Layer Style)] 대화상자에서 세부 설정을 해야 됩니다.

    ❶ **그라디언트 오버레이(Gradient Overlay)** : 2~3가지의 색상을 설정합니다.

    ❷ **선(Stroke)** : 선 크기와 색상을 설정합니다.

3 실습하기

연습파일 Part1₩Chapter4₩연습파일₩고양이.jpg
완성파일 Part1₩Chapter4₩완성파일₩고양이(완성).psd

《출력형태》

- 왕관 모양 (#ffcc00, 레이어 스타일 - Stroke(선/획)(2px, #cc9955), Drop Shadow(그림자 효과))
- 물고기 모양 (#33cc00, #ffff99, 레이어 스타일 - Bevel and Emboss(경사와 엠보스))

① 왕관 모양을 삽입하기 위해 도구 패널의 [사용자 정의 모양 도구(Custom Shape Tool)]를 선택하고 옵션 바의 [모양(Shape)]을 클릭하여 표시되는 팝업 패널에서 '왕관 1'을 더블클릭합니다.

② 이전에 적용된 스타일을 없애기 위해 옵션 바의 [스타일(Style)]을 클릭하고 [초기 스타일(없음)(Default Style(None))]을 더블클릭합니다.

③ 모양의 색상을 설정하기 위해 옵션 바의 색상(Color)을 클릭하여 나타나는 [색상 피커(Color Picker)] 대화상자에서 'ffcc00'을 입력하고 [확인(OK)] 단추를 클릭합니다.

④ Shift를 누른 채 드래그하여 모양을 그립니다.

⑤ [편집(Edit)]-[자유 변형(Free Transform)] 메뉴를 선택하거나 Ctrl+T를 눌러 크기와 위치를 조절한 후 Enter를 누릅니다.

> **TIP**
>
> Ctrl+N을 눌러 600 × 450 pixels 크기의 새로운 캔버스를 만든 후에 연습파일 폴더의 jpg 파일을 열고 복사하여 빈 캔버스에 붙여넣고 작업하시기 바랍니다.

Chapter 04 모양 그리기 및 꾸미기 _ **083**

❻ 모양에 레이어 스타일을 적용하기 위해 레이어 패널 아래의 [fx.레이어 스타일 추가(Add a layer style)] 아이콘을 클릭한 후 [선(Stroke)]을 선택합니다.

TIP

레이어 패널에서 레이어 스타일을 적용할 레이어의 빈 공간을 더블클릭해도 [레이어 스타일(Layer Style)] 대화상자가 나타납니다.

❼ [레이어 스타일(Layer Style)] 대화상자에서 문제에서 제시한 ≪조건≫대로 옵션을 설정하고 [확인(OK)] 단추를 클릭합니다.

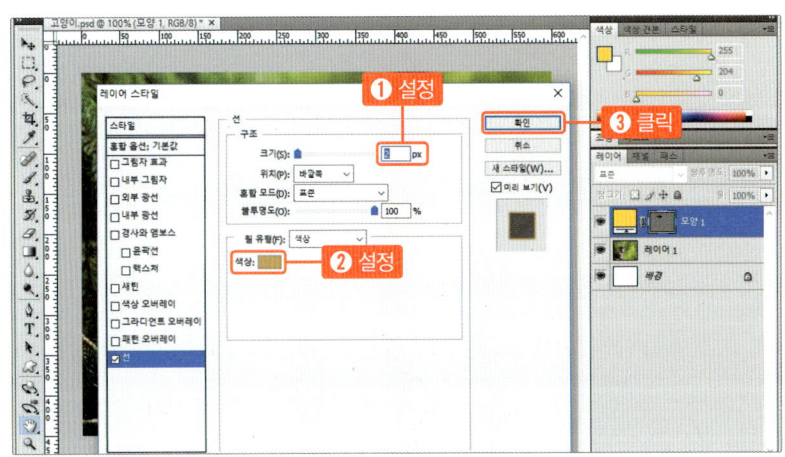

❽ 모양에 레이어 스타일을 추가로 적용하기 위해 레이어 패널 아래의 [fx.레이어 스타일 추가(Add a layer style)] 아이콘을 클릭한 후 [그림자(Drop Shadow)]를 선택합니다.

❾ [레이어 스타일(Layer Style)] 대화상자에서 [확인(OK)] 단추를 클릭합니다.

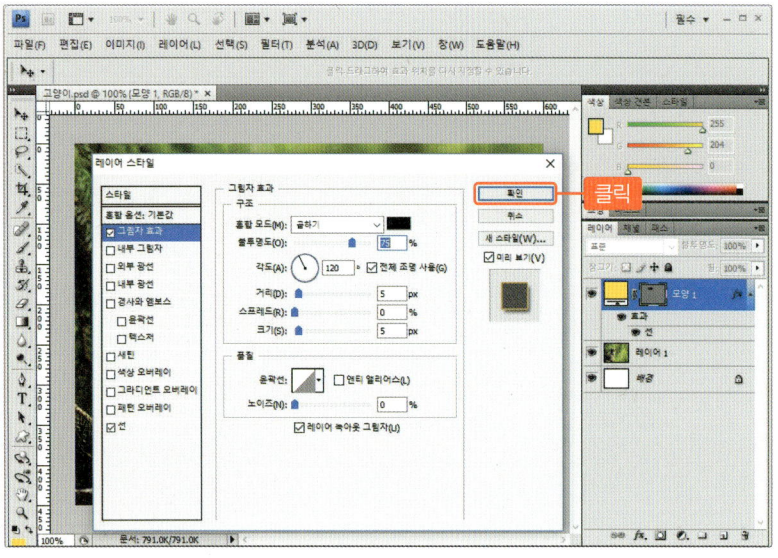

❿ 새로운 모양을 새 레이어에 추가하기 위해 레이어 패널 아래의 [🗔 새 레이어 생성(Create a new layer)] 아이콘을 클릭합니다.

⓫ 물고기 모양을 삽입하기 위해 도구 패널의 [🐾 사용자 정의 모양 도구(Custom Shape Tool)]를 선택하고 옵션 바의 [모양(Shape)]을 클릭하여 표시되는 팝업 패널에서 '생선'을 더블클릭합니다.

⓬ 이전에 적용된 스타일을 없애기 위해 옵션 바의 [스타일(Style)]을 클릭하고 [초기 스타일(없음)(Default Style(None))]을 더블클릭합니다.

⓭ 모양의 색상을 설정하기 위해 옵션 바의 색상(Color)을 클릭하여 나타나는 [색상 피커(Color Picker)] 대화상자에서 '33cc00'을 입력하고 [확인(OK)] 단추를 클릭합니다.

⓮ Shift를 누른 채 드래그하여 모양을 그립니다.

⓯ [편집(Edit)]-[자유 변형(Free Transform)] 메뉴를 선택하거나 Ctrl+T를 눌러 크기와 위치를 조절한 후 Enter를 누릅니다.

⑯ 모양에 레이어 스타일을 적용하기 위해 레이어 패널 아래의 [fx.레이어 스타일 추가(Add a layer style)] 아이콘을 클릭한 후 [경사와 엠보스(Bevel and Emboss)]를 선택합니다.

⑰ [레이어 스타일(Layer Style)] 대화상자에서 [확인(OK)] 단추를 클릭합니다.

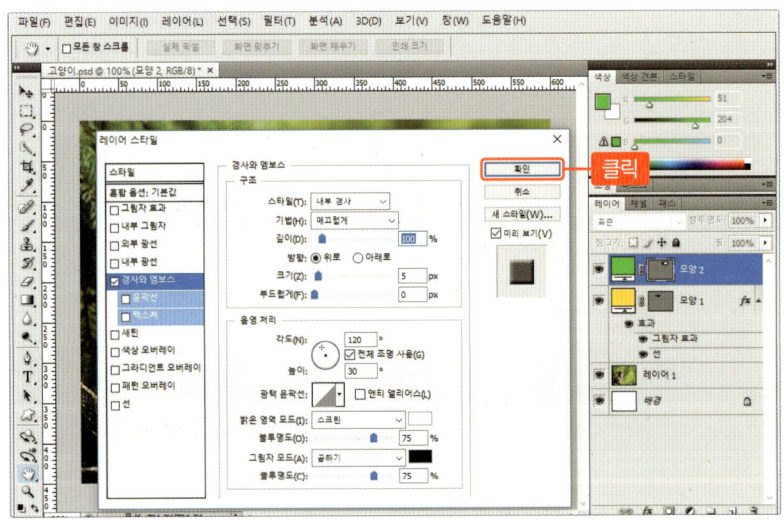

⑱ 물고기 모양을 복제하기 위해 도구 패널의 [이동 도구(Move Tool)]를 선택하고 Alt 를 누른 채 복제할 위치로 드래그합니다.

⓳ [편집(Edit)]-[자유 변형(Free Transform)] 메뉴를 선택하거나 Ctrl+T를 눌러 크기와 위치를 조절한 후 Enter를 누릅니다.

⓴ 복제된 모양의 색상을 설정하기 위해 레이어 패널의 [레이어 축소판(Layer thumbnail)]을 더블클릭하여 나타나는 [단색 선택(Pick a solid color)] 대화상자에서 'ffff99'를 입력하고 [확인(OK)] 단추를 클릭합니다.

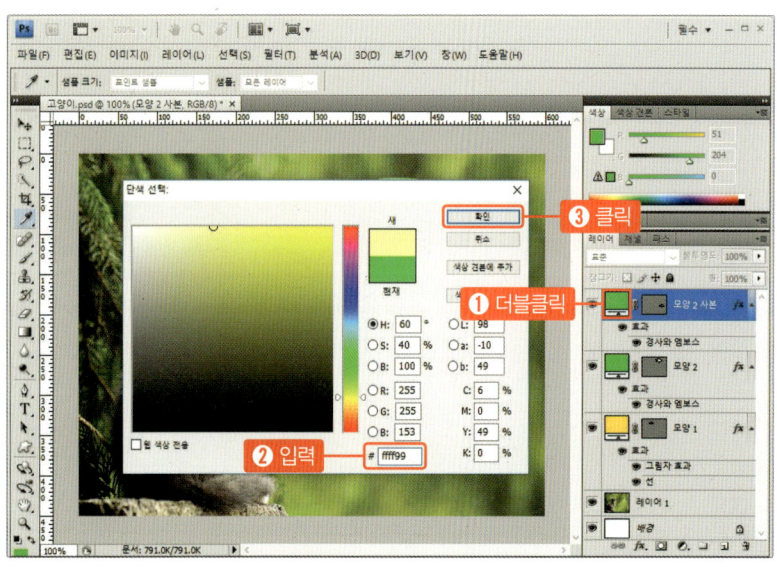

TIP

시험에서는 모양(Shape)의 형태는 같은데, 크기나 색상, 방향 등이 다른 모양을 만드는 유형이 매 시험마다 1~3개씩 출제되고 있습니다. 이런 유형은 모양을 각각 만드는 것이 아니라 한 개를 만들고 레이어 스타일을 적용한 후에 복제하면 됩니다. 복제 후에 서로 다른 부분만 다시 설정해 주면 됩니다.
복제된 모양의 색상을 설정하는 방법은 여러 가지가 있으나, 레이어 축소판을 더블클릭하여 설정하는 것이 가장 편리합니다.

㉑ 복제된 이미지를 가로로 뒤집기 위해 [편집(Edit)]-[변형(Transform)]-[가로로 뒤집기(Flip Horizontal)] 메뉴를 선택합니다.

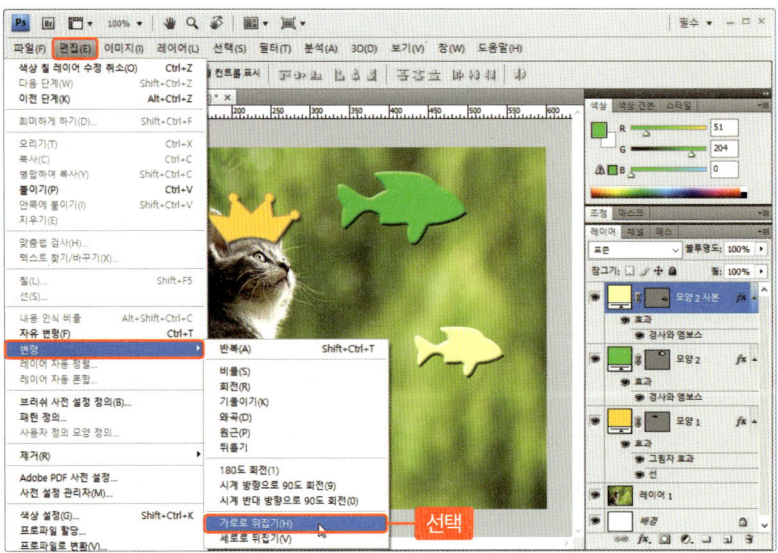

㉒ 《출력형태》와 같이 완성되었습니다.

Graphic Technology Qualification

CHAPTER 05
문자 입력하기 및 꾸미기

Section 01 문자 입력하기

Section 02 문자에 레이어 스타일 적용하기

Section 03 텍스트 변형하기

Section 01 문자 입력하기

문제 1번부터 문제 4번까지 모든 문제의 두 번째 항목으로 출제되는 것이 바로 "문자 효과"입니다. "문자 효과"에서 작업해야 하는 내용은 문자 입력하기, 레이어 스타일 적용하기, 변형된 텍스트 만들기, 불투명도 설정하기로 구분할 수 있습니다. 이번 섹션에서는 "문자 효과"의 기본 작업인 문자 입력에 대해 살펴보겠습니다.

1 문자 입력

- 문자 도구(Type Tool)를 이용하여 《조건》에 주어진 문자 내용, 글꼴, 글꼴 스타일, 글꼴 크기, 텍스트 색상을 입력합니다.
- 도구 패널의 [T 수평 문자 도구(Horizontal Type Tool)]나 [IT 세로 문자 도구(Vertical Type Tool)]를 선택하고, 옵션 바에서 글꼴, 글꼴 스타일, 글꼴 크기, 텍스트 색상을 지정한 후에 캔버스에 클릭하고 내용을 입력하면 됩니다.

> **TIP**
>
> 시험에는 대부분 가로 형태의 문자를 입력하는 형태로 출제되므로 주로 [T 수평 문자 도구(Horizontal Type Tool)]가 사용됩니다.

2 출제 패턴

- "문자 효과"는 전체 7개의 항목이 출제되는데, 문제 1번과 2번에 각각 1개, 3번에 2개, 4번에 3개의 항목이 출제됩니다.
- 글꼴은 굴림, 궁서, 돋움, 바탕, Arial, Times New Roman이 출제됩니다.

그래픽기술자격 Photoshop CS4	그래픽기술자격 Photoshop CS4	그래픽기술자격 Photoshop CS4
▲ 굴림	▲ 궁서	▲ 돋움
그래픽기술자격 Photoshop CS4	GTQ Photoshop CS4	GTQ Photoshop CS4
▲ 바탕	▲ Arial	▲ Times New Roman

- 글꼴 스타일은 영문 글꼴(Arial, Times New Roman)에만 적용되며, Regular, Bold, Italic이 출제됩니다.

GTQ Photoshop CS4	**GTQ Photoshop CS4**	*GTQ Photoshop CS4*
▲ Regular	▲ Bold	▲ Italic

TIP

한글 글꼴 이름이 '굴림'은 'Gulim', '궁서'는 'Gungsuh', '돋움'은 'Dotum', '바탕'은 'Batang' 등 영어로 표시되면 글꼴을 찾기가 어려울 수 있습니다. 이런 경우 [편집(Edit)]–[환경 설정(Preferences)]–[일반(General)] 메뉴를 선택하거나 Ctrl+K를 눌러 나타나는 [환경 설정(Preferences)] 대화상자에서 [문자(Type)] 탭을 누른 후 '글꼴 이름을 영어로 표시(Show Font Names in English)'를 체크 해제하고 [확인(OK)] 단추를 클릭하면 됩니다.

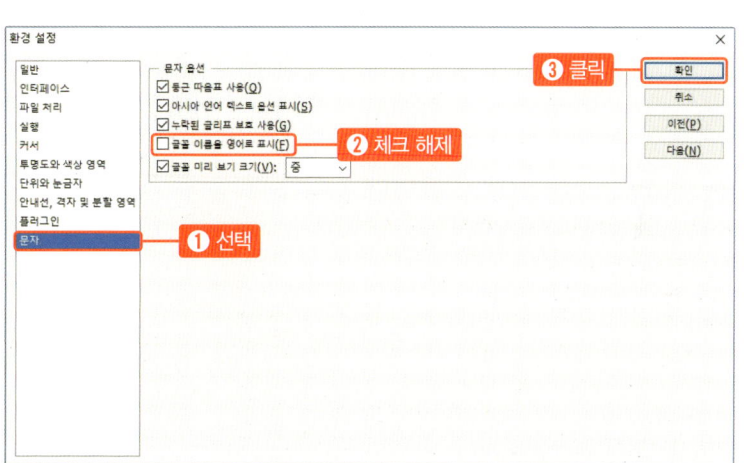

3 실습하기

연습파일 Part1\Chapter5\연습파일\케이크.jpg
완성파일 Part1\Chapter5\완성파일\케이크(완성).psd

《출력형태》

- Happy Birthday! (Arial, Bold, 60pt, #ff0000)

❶ 이미지 파일을 불러온 후 도구 패널의 [T 수평 문자 도구(Horizontal Type Tool)]를 선택하고 옵션 바에서 앞에서 제시한 ≪조건≫대로 글꼴과 글꼴 스타일, 글꼴 크기를 설정한 후 색상 견본을 클릭합니다.

TIP

Ctrl+N을 눌러 600 × 500 pixels 크기의 새로운 캔버스를 만든 후에 연습파일 폴더의 jpg 파일을 열고 복사하여 빈 캔버스에 붙여넣고 작업하시기 바랍니다.

❷ [텍스트 색상 선택(Color Picker(Text Color))] 대화상자가 나타나면 'ff0000'을 입력한 후 [확인(OK)] 단추를 클릭합니다.

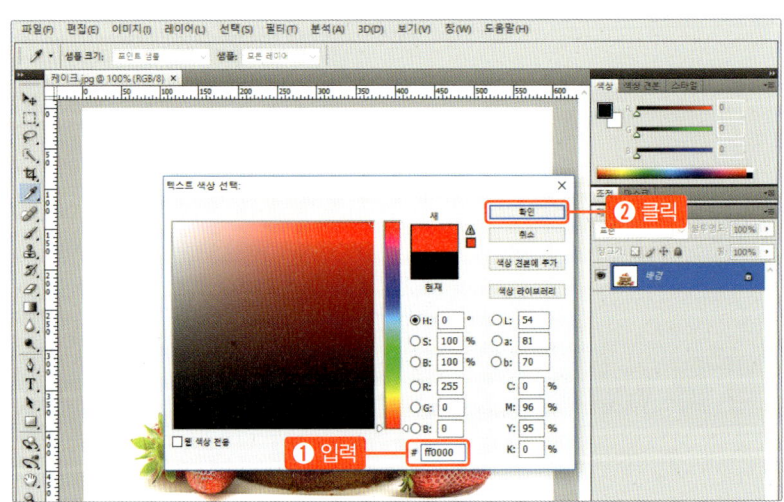

❸ 이미지 위에 문자를 입력할 부분을 클릭합니다.

④ 이미지에 커서가 깜빡이면 'Happy Birthday!'를 입력한 후에 Ctrl+Enter를 눌러 문자 입력을 완료합니다.

TIP

Ctrl+Enter를 누르는 대신에 옵션 바의 [확인(OK)]을 클릭하거나 숫자 키패드에서 Enter를 눌러도 됩니다.

⑤ 문자의 위치를 이동하기 위해 도구 패널의 [이동 도구(Move Tool)]를 선택하고 원하는 위치로 드래그합니다.

Section 02 문자에 레이어 스타일 적용하기

레이어에 적용되는 효과인 레이어 스타일을 문자에 적용하면 문자에 입체감을 주거나 문자를 화려하게 만들 수 있습니다. 이번 섹션에서는 시험에 출제되는 문자마다 적용되는 레이어 스타일에 대해서 살펴보겠습니다.

1 레이어 스타일(Layer Style)

- 레이어 스타일은 레이어 또는 레이어 그룹에 적용되는 효과입니다.
- 레이어 스타일의 종류는 10가지가 있습니다.

❶ 그림자(Drop Shadow)

❷ 내부 그림자(Inner Shadow)

❸ 외부 광선(Outer Glow)

❹ 내부 광선(Inner Glow)

❺ 경사와 엠보스(Bevel and Emboss)

❻ 새틴(Satin)

❼ 색상 오버레이(Color Overlay)

❽ 그라디언트 오버레이(Gradient Overlay)

❾ 패턴 오버레이(Pattern Overlay)

❿ 선(Stroke)

2 출제 패턴

- 하나의 문자에 보통 1~2개의 레이어 스타일을 적용하는 형태로 출제되며, 3개의 레이어 스타일을 적용하는 문제가 출제된 적도 있습니다.
- 총 10가지의 레이어 스타일 종류 중 새틴(Satin), 색상 오버레이(Color Overlay), 패턴 오버레이(Pattern Overlay)를 제외한 7가지의 레이어 스타일이 출제됩니다.

3 실습하기

연습파일 Part1₩Chapter5₩연습파일₩한옥마을.jpg
완성파일 Part1₩Chapter5₩완성파일₩한옥마을(완성).psd

《출력형태》

- 북촌한옥마을 (궁서, 72pt, 레이어 스타일 - 그라디언트 오버레이(#ff0000, #999900, #003300))

① 이미지 파일을 불러온 후 도구 패널의 [T 수평 문자 도구(Horizontal Type Tool)]를 선택하고 옵션 바에서 앞에서 제시한 《조건》대로 글꼴과 글꼴 크기를 설정합니다.

TIP

Ctrl+N을 눌러 650 × 450 pixels 크기의 새로운 캔버스를 만든 후에 연습파일 폴더의 jpg 파일을 열고 복사하여 빈 캔버스에 붙여넣고 작업하시기 바랍니다.

❷ 문자 이미지 위에 문자를 입력할 부분을 클릭하고, 이미지에 커서가 깜빡이면 '북촌한옥마을'을 입력한 후에 Ctrl+Enter를 눌러 문자 입력을 완료합니다.

❸ 문자에 레이어 스타일을 적용하기 위해 레이어 패널 아래의 [fx.레이어 스타일 추가(Add a layer style)] 아이콘을 클릭한 후 [그라디언트 오버레이(Gradient Overlay)]를 선택합니다.

❹ [레이어 스타일(Layer Style)] 대화상자에서 그라디언트 색상 부분을 클릭합니다.

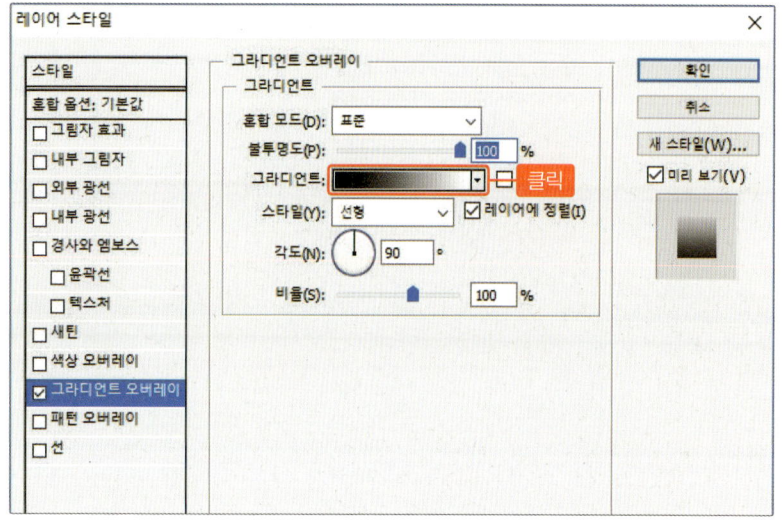

Chapter 05 문자 입력하기 및 꾸미기 _ 097

❺ [그라디언트 편집기(Gradient Editor)] 대화상자가 나타나면 그라디언트의 시작점을 정의하기 위해 왼쪽 [색상 정지점(Color Stop)]을 더블클릭합니다.

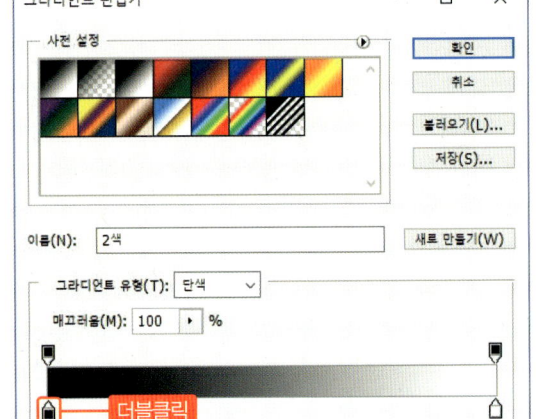

TIP

[색상 정지점(Color Stop)]을 클릭한 후 대화상자의 [정지점(Stops)] 부분에서 색상 견본을 클릭해도 됩니다.

❻ [정지 색상 선택(Select Stop Color)] 대화상자가 나타나면 'ff0000'을 입력하고 [확인(OK)] 단추를 클릭합니다.

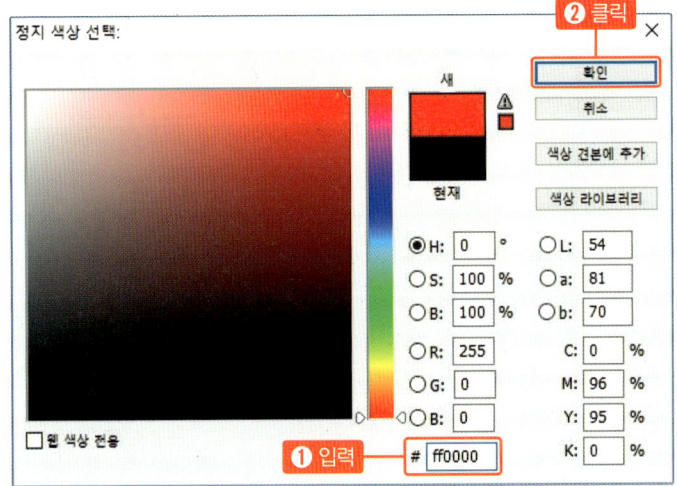

❼ [그라디언트 편집기(Gradient Editor)] 대화상자가 다시 나타나면 그라디언트의 중간점을 정의하기 위해 그라디언트 막대 가운데를 클릭하여 [색상 정지점(Color Stop)]이 추가되면 [색상 정지점(Color Stop)]을 더블클릭합니다.

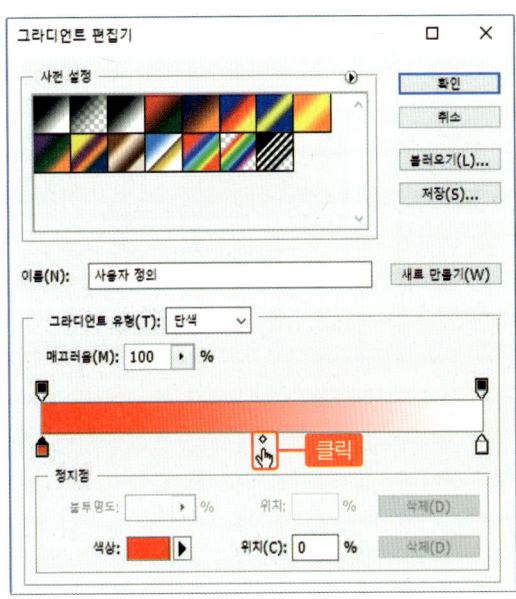 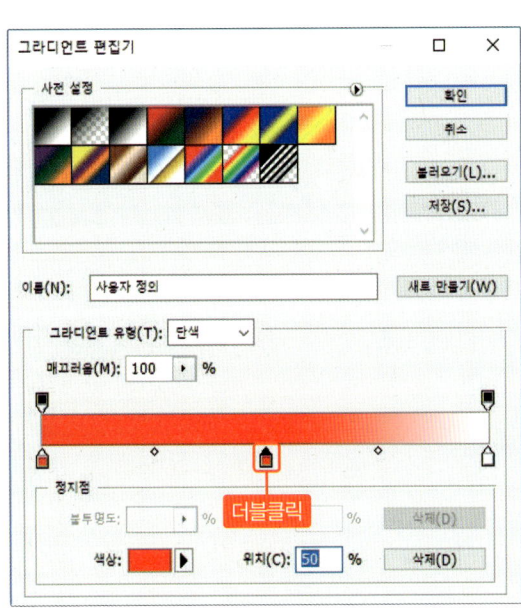

⑧ [정지 색상 선택(Select Stop Color)] 대화상자가 나타나면 '999900'을 입력하고 [확인(OK)] 단추를 클릭합니다.

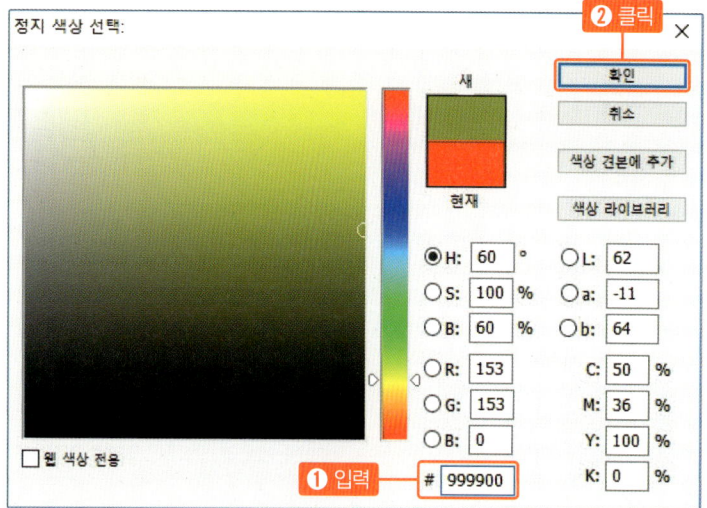

⑨ [그라디언트 편집기(Gradient Editor)] 대화상자가 다시 나타나면 그라디언트의 끝점을 정의하기 위해 오른쪽 [색상 정지점(Color Stop)]을 더블클릭합니다.

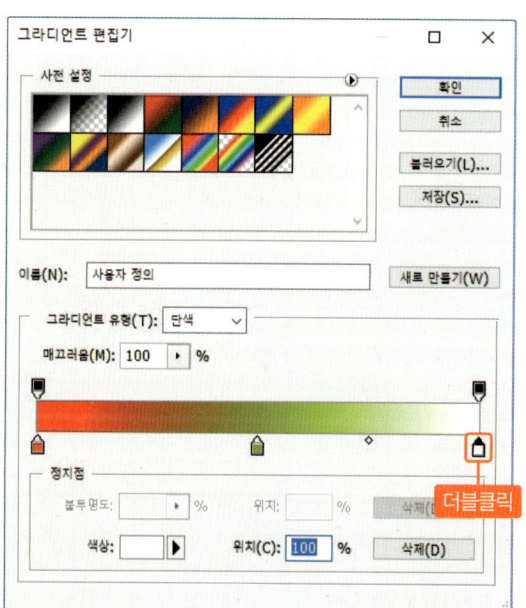

⑩ [정지 색상 선택(Select Stop Color)] 대화상자가 나타나면 '003300'을 입력하고 [확인(OK)] 단추를 클릭합니다.

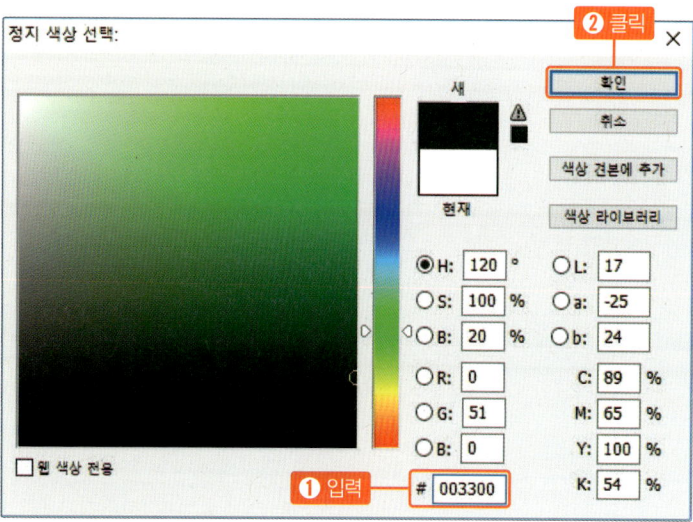

⓫ [그라디언트 편집기(Gradient Editor)] 대화상자가 다시 나타나면 [확인(OK)] 단추를 클릭합니다.

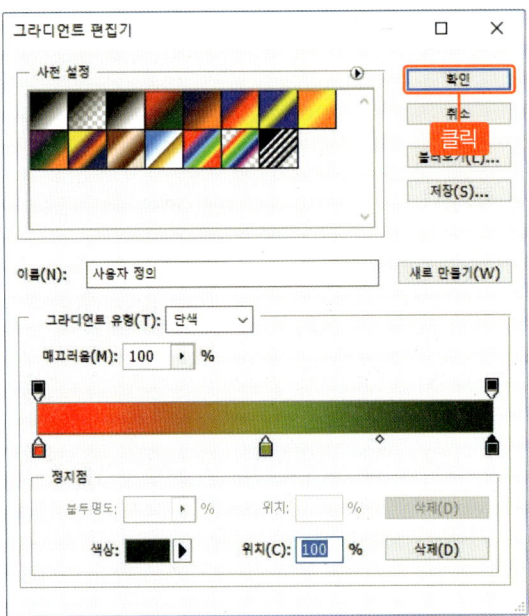

⓬ [레이어 스타일(Layer Style)] 대화상자가 다시 나타나면 [확인(OK)] 단추를 클릭합니다.

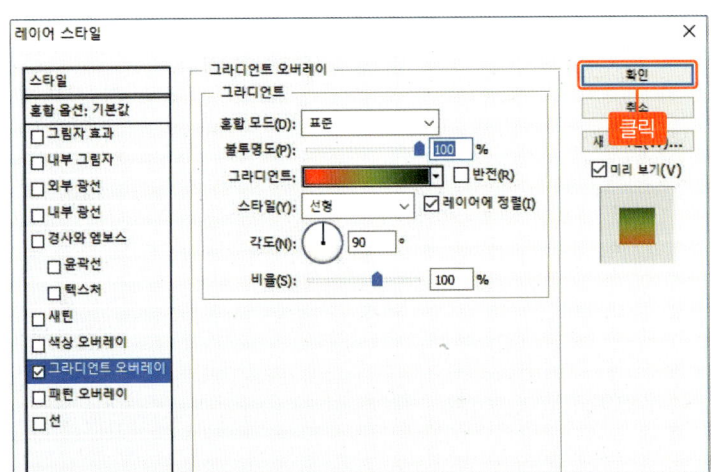

⓭ [그라디언트 오버레이(Gradient Overlay)] 적용이 완료되었습니다.

Section 03 텍스트 변형하기

텍스트 변형은 텍스트 내용은 그대로 두고 텍스트의 모양을 여러 가지 형태로 바꾸는 기능입니다. 이번 섹션에서는 문제 1번을 제외한 문제 2~4번에서 출제되고 있는 텍스트 변형에 대해 살펴보겠습니다.

1 텍스트 변형(Warp Text)

- 텍스트 변형은 텍스트를 부채꼴이나 파도 모양 등으로 변형시켜 특수 문자 효과를 만듭니다.
- 텍스트 변형 스타일의 종류는 15가지가 있습니다.

▲ 부채꼴(Arc)   ▲ 아래 부채꼴(Arc Lower)   ▲ 위 부채꼴(Arc Upper)   ▲ 아치(Arch)

▲ 돌출(Bulge)   ▲ 아래가 넓은 조개(Shell Lower)   ▲ 위가 넓은 조개(Shell Upper)   ▲ 깃발(Flag)

▲ 파도(Wave)   ▲ 물고기(Fish)   ▲ 상승(Rise)   ▲ 물고기 눈 모양(Fisheye)

▲ 부풀리기(Inflate)   ▲ 양쪽 누르기(Squeeze)   ▲ 비틀기(Twist)

2 출제 패턴

- 문제 1번에서는 출제되지 않으며, 문제 2번과 3번에서는 1개, 문제 4번에서는 1~2개가 출제됩니다.
- 텍스트 변형 스타일 종류를 알려주지 않으므로, 《출력형태》를 보고 스타일 종류를 지정해야 합니다.
- 부채꼴(Arc), 아래 부채꼴(Arc Lower), 위 부채꼴(Arc Upper), 깃발(Flag) 스타일이 자주 출제되며, 물고기 눈 모양(Fisheye), 부풀리기(Inflate), 양쪽 누르기(Squeeze), 비틀기(Twist) 스타일은 거의 출제되지 않습니다.
- 부채꼴(Arc)과 아치(Arch), 아래 부채꼴(Arc Lower)과 아래가 넓은 조개(Shell Lower), 위 부채꼴(Arc Upper)과 위가 넓은 조개(Shell Upper) 스타일은 서로 형태가 비슷하므로 주의해야 합니다.
- 대부분 스타일 종류만 지정하면 되지만, [구부리기(Bend)]를 지정해야 《출력형태》와 같게 되는 경우도 있으므로, 충분한 연습이 필요합니다.

3 실습하기

연습파일 Part1₩Chapter5₩연습파일₩주방인테리어₩.jpg
완성파일 Part1₩Chapter5₩완성파일₩주방인테리어(완성).psd

《출력형태》

- 주방 인테리어 (돋움, 60pt, #000000)
- Kitchen Interior (바탕, 48pt, #ff5500)

① 이미지 파일을 불러온 후 도구 패널의 [T 수평 문자 도구(Horizontal Type Tool)]를 선택하고 옵션 바에서 앞에서 제시한 《조건》대로 글꼴과 글꼴 크기, 텍스트 색상을 설정한 후 '주방 인테리어'를 입력하고 Ctrl+Enter를 눌러 문자 입력을 완료합니다.

TIP

Ctrl+N을 눌러 600 × 450 pixels 크기의 새로운 캔버스를 만든 후에 연습파일 폴더의 jpg 파일을 열고 복사하여 빈 캔버스에 붙여넣고 작업하시기 바랍니다.

❷ 텍스트를 변형하기 위해서 옵션 바에서 [🏃 변형된 텍스트 만들기(Create warped text)]를 클릭합니다.

❸ [텍스트 변형(Warp Text)] 대화상자가 나타나면 [스타일(Style)]에서 '아래 부채꼴(Arc Lower)'을 선택한 후 [확인(OK)] 단추를 클릭합니다.

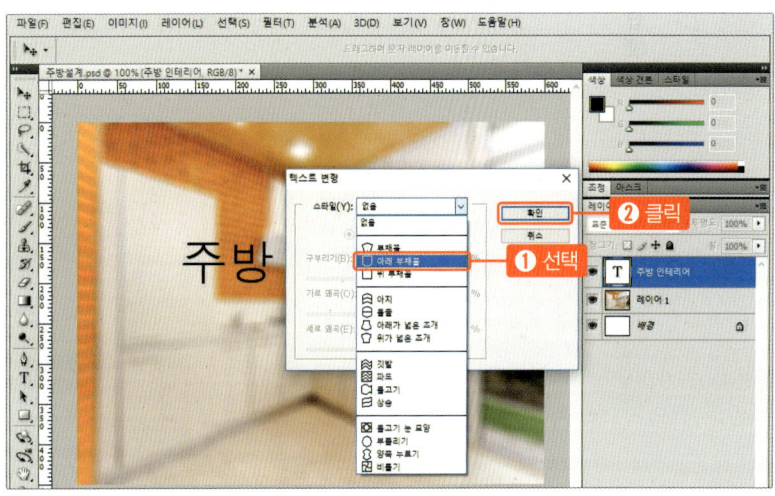

❹ 도구 패널의 [T 수평 문자 도구(Horizontal Type Tool)]를 선택하고 옵션 바에서 앞에서 제시한 ≪조건≫대로 글꼴과 글꼴 크기, 텍스트 색상을 설정한 후 'Kitchen Interior'를 입력하고 Ctrl + Enter 를 눌러 문자 입력을 완료합니다.

❺ 텍스트를 변형하기 위해서 옵션 바에서 [변형된 텍스트 만들기(Create warped text)]를 클릭한 후 [텍스트 변형(Warp Text)] 대화상자가 나타나면 [스타일(Style)]에서 '부채꼴(Arc)'을 선택하고 [구부리기(Bend)]를 '-50%'로 설정한 후 [확인(OK)] 단추를 클릭합니다.

❻ 문자의 위치를 이동하기 위해 도구 패널의 [이동 도구(Move Tool)]를 선택하고 《출력형태》와 같은 위치로 드래그합니다.

❼ 《출력형태》와 같이 만들어졌습니다.

GTQ 포토샵 CS4

CHAPTER 06
레이어 활용하기

Section 01 레이어 마스크

Section 02 클리핑 마스크

Section 01 레이어 마스크

얼굴에 쓰는 마스크는 얼굴의 일부분을 가리는 역할을 하죠? 레이어 마스크는 레이어의 일부를 가림으로써 다양한 효과를 내게 합니다. 이번 섹션에서는 문제 3번이나 4번에서 출제되고 있는 레이어 마스크에 대해 살펴보겠습니다.

1 레이어 마스크(Layer Mask)

- 레이어에 마스크를 추가하면 레이어의 일부분을 가리고 아래에 있는 레이어를 나타낼 수 있습니다.
- 다음은 컬러 이미지와 흑백 이미지를 레이어 마스크를 이용하여 합성한 것으로, 상단 레이어의 컬러 이미지에 적용되는 레이어 마스크의 흰색 부분은 이미지가 보이게 되므로 컬러 이미지가 보이고, 검은색 부분은 투명으로 보여지게 되므로 하단 레이어의 흑백 이미지가 보이게 됩니다.

〈에펠탑(흑백)〉
▲ 하단 레이어

〈에펠탑(컬러)〉
▲ 상단 레이어

〈에펠탑(레이어 마스크)〉
▲ 레이어 마스크

▲ 레이어 마스크 적용

- 레이어 마스크를 적용할 레이어를 선택한 후 레이어 패널 아래의 [◻ 레이어 마스크 추가(Add layer mask)] 아이콘을 클릭하면 레이어 마스크가 추가됩니다.
- 레이어 마스크가 추가되면 [레이어 축소판(Layer thumbnail)] 옆에 [레이어 마스크 축소판(Layer mask thumbnail)]이 추가됩니다.

2 출제 패턴

- 문제 3번에서 1개의 이미지에 대하여 레이어 마스크를 적용하는 문제가 출제되지만, 가끔씩 문제 3번과 4번 2개의 이미지에 대한 레이어 마스크 문제가 출제되기도 합니다.
- 레이어 마스크 형태는 '세로 방향으로 흐릿하게', '가로 방향으로 흐릿하게', '대각선 방향으로 흐릿하게'의 3가지 형태로만 출제됩니다.
- 레이어 마스크로 흐릿하게 적용하려면 레이어 마스크를 추가한 후 도구 패널의 그라디언트 도구(Gradient Tool)를 선택하고 옵션 바에서 [그라디언트 편집(Gradient Editor)]을 클릭한 후 [사전 설정(Presets)]에서 [검정, 흰색(Black, White)]을 선택한 후 세로나 가로, 대각선 방향으로 드래그하면 됩니다.

3 실습하기

연습파일 Part1₩Chapter6₩연습파일₩세종대왕.jpg, 이순신장군.jpg
완성파일 Part1₩Chapter6₩완성파일₩광화문광장(완성).psd

《출력형태》

- **이순신장군.jpg** : 레이어 마스크 - 가로 방향으로 흐릿하게

❶ [세종대왕.jpg] 이미지 탭을 클릭한 후 Ctrl+A를 눌러 이미지 전체를 선택 영역으로 지정한 후 Ctrl+C를 눌러 선택 영역을 복사합니다.

TIP

Ctrl+N을 눌러 600 × 450 pixels 크기의 새로운 캔버스를 만들어서 "광화문광장.psd"로 저장한 후에 작업하시기 바랍니다.

❷ [광화문광장] 탭을 클릭한 후 Ctrl+V를 눌러 복사된 이미지를 붙여 넣은 후 '세종대왕.jpg' 이미지 탭의 [닫기] 단추를 클릭하여 창을 닫습니다.

❸ [이순신장군.jpg] 이미지 탭을 클릭한 후 Ctrl+A를 눌러 이미지 전체를 선택 영역으로 지정한 후 Ctrl+C를 눌러 선택 영역을 복사합니다.

❹ [광화문광장] 탭을 클릭한 후 Ctrl+V를 눌러 복사된 이미지를 붙여 넣은 후 '이순신장군.jpg' 이미지 탭의 [닫기] 단추를 클릭하여 창을 닫습니다.

❺ 레이어 마스크를 추가하기 위해 레이어 패널 아래의 [🞎 레이어 마스크 추가(Add layer mask)] 아이콘을 클릭하면 [레이어 축소판(Layer thumbnail)] 옆에 [레이어 마스크 축소판(Layer mask thumbnail)]이 추가됩니다.

❻ 도구 패널의 그라디언트 도구(Gradient Tool)를 선택하고 옵션 바에서 [그라디언트 편집(Gradient Editor)]을 클릭합니다.

Chapter 06 레이어 활용하기 _ **109**

7 [그라디언트 편집(Gradient Editor)] 대화상자가 나타나면 [사전 설정(Presets)]에서 [검정, 흰색(Black, White)]을 선택한 후 [확인(OK)] 단추를 클릭합니다.

8 이미지의 왼쪽에서 오른쪽 방향으로 드래그하여 왼쪽 부분을 흐릿하게 만듭니다. 드래그 길이에 따라 두 이미지의 경계가 달라집니다.

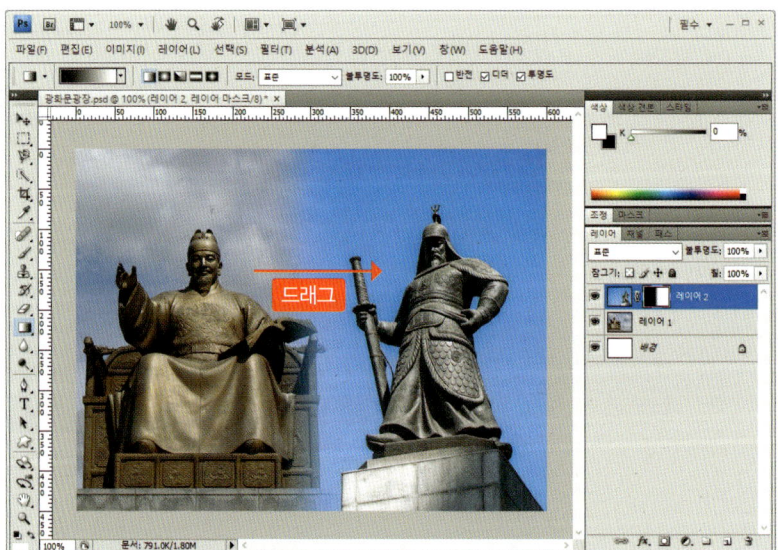

Section 02 클리핑 마스크

> 클리핑(Clipping)이란 잘라내는 것을 의미합니다. 얇은 색종이를 하트 모양의 두꺼운 종이에 대고 자르면 색종이가 하트 모양으로 잘리겠죠? 이와 같은 원리인 클리핑 마스크는 위에 있는 이미지를 아래의 모양대로 나타내는 것인데, 이번 섹션에서는 고급 기능에 속하는 클리핑 마스크에 대해 살펴보겠습니다.

1 클리핑 마스크(Clipping Mask)

- 클리핑 마스크를 사용하면 상단 레이어의 내용을 하단 레이어(기본 레이어)의 모양대로 나타낼 수 있습니다.
- 다음 그림은 키위 이미지를 상단 레이어로, 'KIWI' 텍스트를 하단 레이어로 위치시키고 클리핑 마스크를 적용한 것을 보여줍니다.

〈키위〉
▲ 상단 레이어

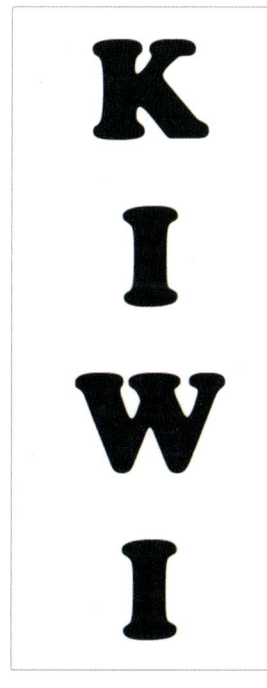
〈키위(텍스트)〉
▲ 하단 레이어

〈키위(결과)〉
▲ 클리핑 마스크 적용

- 기본 레이어를 마스크가 적용될 레이어 아래에 위치시킨 후 두 레이어 사이 구분선 위에 마우스 포인터를 놓고 Alt를 눌러 포인터가 두 개의 겹친 원으로 바뀌면 클릭하거나 [레이어(Layer)]-[클리핑 마스크 만들기(Create Clipping Mask)] 메뉴를 선택하면 클리핑 마스크를 만들 수 있습니다.

2 출제 패턴

- 문제 4번에서 클리핑 마스크를 적용하는 문제 1개가 고정적으로 출제되고 있습니다.
- 클리핑 마스크 적용 문제는 주어진 원본 이미지를 사용자 정의 모양에 적용시키는 형태로만 출제됩니다.
- 앞에서 살펴본 레이어 마스크는 문제에서 '레이어 마스크'라는 용어가 주어지지만, 클리핑 마스크는 '클리핑 마스크'라는 용어 자체가 주어지지 않으므로 주의가 필요합니다.
- 문제 4번의《출력형태》에서 사용자 정의 모양 안에 다른 이미지가 들어가 있으면 클리핑 마스크 기능으로 만들어야 합니다.

3 실습하기

연습파일 Part1₩Chapter6₩연습파일₩광화문.jpg, 임금.jpg
완성파일 Part1₩Chapter6₩완성파일₩광화문(완성).psd

《출력형태》

- **Shape Tool(모양 도구) 사용** : #000000, Inner Shadow(내부 그림자)

 [광화문.jpg] 이미지 탭을 클릭한 후 Ctrl+A를 눌러 이미지 전체를 선택 영역으로 지정한 후 Ctrl+C를 눌러 선택 영역을 복사합니다.

TIP

Ctrl+N을 눌러 600 × 400 pixels 크기의 새로운 캔버스를 만들어서 "광화문.psd"로 저장한 후에 작업하시기 바랍니다.

❷ [광화문] 탭을 클릭한 후 Ctrl+V를 눌러 복사된 이미지를 붙여 넣은 후 [광화문.jpg] 탭의 [닫기] 단추를 클릭하여 창을 닫습니다.

❸ [임금.jpg] 이미지 탭을 클릭한 후 Ctrl+A를 눌러 이미지 전체를 선택 영역으로 지정한 후 Ctrl+C를 눌러 선택 영역을 복사합니다.

❹ [광화문] 탭을 클릭한 후 Ctrl+V를 눌러 복사된 이미지를 붙여 넣은 후 [임금.jpg] 탭의 [닫기] 단추를 클릭하여 창을 닫습니다.

Chapter 06 레이어 활용하기 _ 113

❺ [편집(Edit)]-[자유 변형(Free Transform)] 메뉴를 선택하거나 Ctrl+T를 눌러 크기와 위치를 조절한 후 Enter를 누릅니다.

❻ 꽃 모양을 삽입하기 위해 도구 패널의 [사용자 정의 모양 도구(Custom Shape Tool)]를 선택하고 옵션 바의 [모양(Shape)]을 클릭하여 표시되는 팝업 패널에서 '꽃 6'을 더블클릭합니다.

❼ 이전에 적용된 스타일을 없애기 위해 옵션 바의 [스타일(Style)]을 클릭하고 [초기 스타일(없음)(Default Style(None))]을 더블클릭합니다.

⑧ 모양의 색상을 설정하기 위해 옵션 바의 색상(Color)을 클릭하여 나타나는 [색상 피커(Color Picker)] 대화상자에서 '000000'을 입력하고 [확인(OK)] 단추를 클릭합니다.

⑨ Shift 를 누른 채 드래그하여 모양을 그린 후 [편집(Edit)]-[자유 변형(Free Transform)] 메뉴를 선택하거나 Ctrl + T 를 눌러 크기와 위치를 조절한 후 Enter 를 누릅니다.

⑩ 모양에 레이어 스타일을 적용하기 위해 레이어 패널 아래의 [fx.레이어 스타일 추가(Add a layer style)] 아이콘을 클릭한 후 [내부 그림자(Inner Shadow)]를 선택합니다.

Chapter 06 레이어 활용하기 _ **115**

⑪ [레이어 스타일(Layer Style)] 대화상자에서 [확인(OK)] 단추를 클릭합니다.

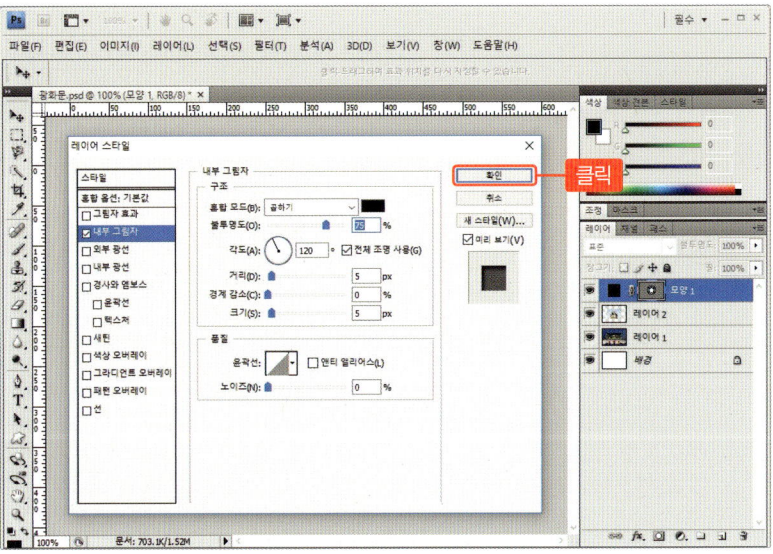

⑫ 마스크인 사용자 정의 모양이 있는 기본 레이어가 마스크가 적용될 레이어 아래에 오도록 '모양 1(Shape 1)' 레이어를 '레이어 2(Layer 2)' 아래로 드래그합니다.

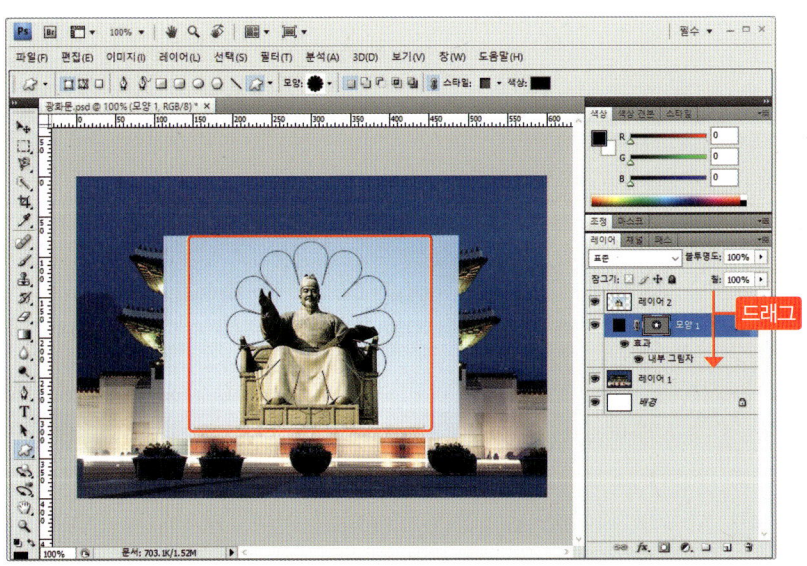

TIP

클리핑 마스크(Clipping Mask)는 다양한 형태로 표현될 수 있지만, 시험에서는 사용자 정의 모양 안에 이미지를 표현하는 형태로 출제되고 있습니다. 이때 사용자 정의 모양은 형태를 결정짓는 마스크(Mask) 역할을 하며, 마스크는 이미지 아래에 위치해야 합니다. 사용자 정의 모양 안에 나타나는 이미지는 마스크 모양대로 잘라지게(Clipping) 되며, 이미지는 마스크 위에 위치해야 합니다.

⑬ 레이어 패널에서 '레이어 2(Layer 2)' 레이어와 '모양 1(Shape 1)' 레이어 사이 구분선 위에 마우스 포인터를 놓고 Alt를 눌러 포인터가 두 개의 겹친 원( )으로 바뀌면 클릭합니다.

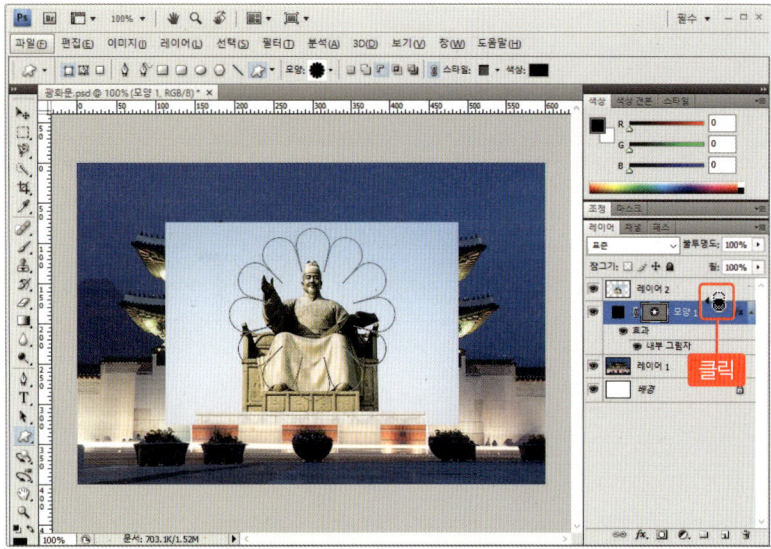

> **TIP**
>
> [레이어(Layer)]-[클리핑 마스크 만들기(Create Clipping Mask)] 메뉴를 선택하거나 Alt + Ctrl + G 를 눌러도 클리핑 마스크를 만들 수 있습니다.

⑭ 《출력형태》와 같이 완성되었습니다.

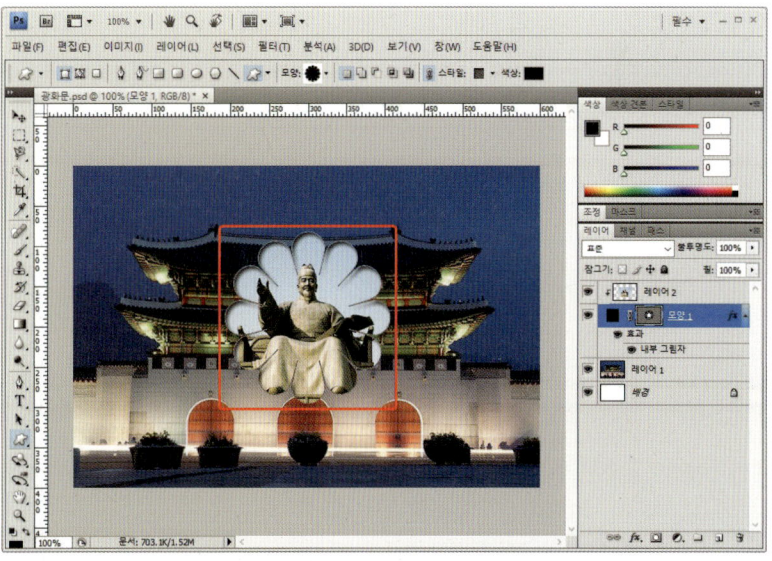

Chapter 06 레이어 활용하기 _ **117**

PART 02

실전모의고사

Graphic Technology Qualification

CHAPTER 01
실전모의고사

제 **01**회 실전모의고사

제 **02**회 실전모의고사

제 **03**회 실전모의고사

제 **04**회 실전모의고사

제 **05**회 실전모의고사

제 **06**회 실전모의고사

제 **07**회 실전모의고사

제 **08**회 실전모의고사

제 **09**회 실전모의고사

제 **10**회 실전모의고사

실전모의고사
제 01 회
GTQ(그래픽기술자격)-(S/W:포토샵)

급수	문제유형	시험시간	수험번호	성 명
2급	A	90분		

수험자 유의사항

- 수험자는 문제지를 받는 즉시 응시하고자 하는 **과목 및 급수가 맞는지 확인**한 후 수험번호와 성명을 작성합니다.
- 파일명은 본인의 "수험번호-성명-문제번호"로 공백 없이 정확히 입력하고 답안폴더(내문서₩GTQ 또는 라이브러리₩문서₩GTQ)에 jpg 파일과 psd 파일의 2가지 포맷으로 저장해야 하며, jpg 파일과 psd 파일의 내용이 상이할 경우 0점 처리됩니다. 답안문서 파일명이 "수험번호-성명-문제번호"와 일치하지 않거나, 답안 파일을 전송하지 않아 미제출로 처리될 경우 불합격 처리됩니다.
- 문제의 세부조건은 '영문(한글)' 형식으로 표기되어 있으니 유의하시기 바랍니다.
- 수험자 정보와 저장한 파일명, 저장 위치가 다를 경우 전송이 되지 않으므로, 주의하시기 바랍니다.
- 답안 작성 중에도 **주기적으로 '저장'과 '답안 전송'**을 이용하여 감독위원 PC로 답안을 전송하셔야 합니다.
  (※ 작업한 내용을 저장하지 않고 전송할 경우 이전의 저장내용이 전송되오니 이점 반드시 유념하시기 바랍니다.)
- 답안문서를 지정된 경로 외의 다른 보조기억장치에 저장하는 행위, 지정된 시험 시간 외에 작성된 파일을 활용한 행위, 기타 통신수단(이메일, 메신저, 네트워크 등)을 이용하여 타인에게 전달 또는 외부 반출하는 행위는 부정으로 간주되어 **자격기본법 제32조에 의거 본 시험 및 국가공인 자격시험을 2년간 응시할 수 없습니다.**
- 시험 중 부주의 또는 고의로 시스템을 파손한 경우와 〈수험자 유의사항〉에 기재된 방법대로 이행하지 않아 생기는 불이익은 수험자의 책임임을 알려드립니다.
- 시험을 완료한 수험자는 최종적으로 저장한 답안 파일이 전송되었는지 확인한 후 감독위원의 지시에 따라 문제지를 제출하고 퇴실합니다.

답안 작성요령

- 온라인 답안 작성 절차
  수험자 등록 ⇒ 시험 시작 ⇒ 답안 파일 저장 ⇒ 답안 전송 ⇒ 시험 종료
- 내문서₩GTQ₩Image폴더에 있는 그림 원본파일을 사용하여 답안을 작성하시고 최종답안을 답안폴더(내문서₩GTQ)에 저장하여 답안을 전송하시고, 이미지의 크기가 다른 경우 감점 처리됩니다.
- 배점은 총 100점으로 이루어지며, 점수는 각 문제별로 차등 배분됩니다.
- 각 문제는 주어진 〈조건〉에 따라 작성하고, 언급하지 않은 조건은 《출력형태》와 같이 작성합니다.
- 배치 등의 편의를 위해 주어진 눈금자의 단위는 '픽셀'입니다.
  그 외는 출력형태(효과, 이미지, 문자, 색상, 레이아웃, 규격 등)와 같게 작업하십시오.
- 문제 조건에 서체의 지정이 없을 경우 한글은 굴림이나 돋움, 영문은 Arial로 작업하십시오.
  (단, 그 외에 제시되지 않은 문자 속성을 기본값으로 작성하지 않은 경우는 감점 처리됩니다.)
- Image Mode(이미지 모드)는 별도의 처리조건이 없을 경우에는 RGB(8비트)로 작업하십시오.
- 모든 답안파일은 해상도 72 pixels/inch로 작업하십시오.
- Layer(레이어)는 각 기능별로 분할해야 하며, 임의로 합칠 경우나 각 기능에 대한 속성을 해지할 경우 해당 요소는 0점 처리됩니다.

문제 1 [기능평가] Tool(도구) 활용   20점

※ 다음의 《조건》에 따라 아래의 《출력형태》와 같이 작업하시오.

《조건》

원본 이미지	내문서₩GTQ₩Image₩2급-1.jpg		
파일 저장 규칙	JPG	파일명	내문서₩GTQ₩수험번호-성명-1.jpg
		크기	400 × 500 pixels
	PSD	파일명	내문서₩GTQ₩수험번호-성명-1.psd
		크기	40 × 50 pixels

1. 그림 효과
   ① 복제 및 변형 : 꽃송이
   ② Shape Tool(모양 도구) 사용 :
      - 잎 모양 (#006600, #aacc00,
        레이어 스타일 - Drop Shadow(그림자 효과))
      - 꽃 모양 (#ffff00, 레이어 스타일 - Outer Glow(외부 광선))

2. 문자 효과
   ① The Flower (Arial, Bold, 36pt, #335500,
      레이어 스타일 - Inner Shadow(내부 그림자))

《출력형태》

문제 2 [기능평가] 사진편집 기초   20점

※ 다음의 《조건》에 따라 아래의 《출력형태》와 같이 작업하시오.

《조건》

원본 이미지	내문서₩GTQ₩Image₩2급-2.jpg, 2급-3.jpg, 2급-4.jpg		
파일 저장 규칙	JPG	파일명	내문서₩GTQ₩수험번호-성명-2.jpg
		크기	400 × 500 pixels
	PSD	파일명	내문서₩GTQ₩수험번호-성명-2.psd
		크기	40 × 50 pixels

1. 그림 효과
   ① 색상 보정 : 2급-3.jpg - 노란색 계열로 보정,
      레이어 스타일 - Drop Shadow(그림자 효과)
   ② 액자 제작 :
      필터 - Stained Glass(스테인드 글라스/채색 유리),
      안쪽 테두리 (5px, #ff9900),
      레이어 스타일 - Drop Shadow(그림자 효과)
   ③ 2급-4.jpg : Bevel and Emboss(경사와 엠보스)

2. 문자 효과
   ① 따뜻한 봄 (바탕, 40pt,
      레이어 스타일 - 그라디언트 오버레이(#ffff00, #ff0000),
      Stroke(선/획)(5px, #ffffff))

문제 3 [기능평가] 사진편집 25점

※ 다음의 《조건》에 따라 아래의 《출력형태》와 같이 작업하시오.

《조건》

원본 이미지		내문서₩GTQ₩Image₩2급-5.jpg, 2급-6.jpg, 2급-7.jpg, 2급-8.jpg	
파일 저장 규칙	JPG	파일명	내문서₩GTQ₩수험번호-성명-3.jpg
		크기	600 × 400 pixels
	PSD	파일명	내문서₩GTQ₩수험번호-성명-3.psd
		크기	60 × 40 pixels

1. 그림 효과

① 배경 : #ffcccc
② 2급-5.jpg : 필터 - Crosshatch(그물눈), 레이어 마스크 - 가로 방향으로 흐릿하게
③ 2급-6.jpg : Opacity(불투명도)(50%)
④ 2급-7.jpg : 레이어 스타일 - Outer Glow(외부 광선)
⑤ 2급-8.jpg : 레이어 스타일 - Drop Shadow(그림자 효과)
⑥ 그 외 《출력형태》 참조

2. 문자 효과

① THE ROSE GARDEN (Times New Roman, Bold, 42pt,
    레이어 스타일 - 그라디언트 오버레이(#ffff33, #ff0033), Drop Shadow(그림자 효과))
② 장미정원으로 오세요~ (굴림, 18pt, #003399, 레이어 스타일 - Outer Glow(외부 광선))

《출력형태》

Shape Tool(모양 도구) 사용
#ff0033, 레이어 스타일 - Stroke(선/획)(5px, #ffffff),
Bevel and Emboss(경사와 엠보스)

Shape Tool(모양 도구) 사용
#ffffff, 레이어 스타일 - Drop Shadow(그림자 효과)

문제 4 [실무응용] 이벤트 페이지 제작   35점

※ 다음의 《조건》에 따라 아래의 《출력형태》와 같이 작업하시오.

《조건》

원본 이미지	내문서₩GTQ₩Image₩2급-9.jpg, 2급-10.jpg, 2급-11.jpg, 2급-12.jpg, 2급-13.jpg		
파일 저장 규칙	JPG	파일명	내문서₩GTQ₩수험번호-성명-4.jpg
		크기	600 × 400 pixels
	PSD	파일명	내문서₩GTQ₩수험번호-성명-4.psd
		크기	60 × 40 pixels

1. 그림 효과
   ① 2급-9.jpg : 필터 - Texturizer(텍스처화)
   ② 2급-10.jpg : 레이어 마스크 - 대각선 방향으로 흐릿하게
   ③ 2급-11.jpg : 레이어 스타일 - Outer Glow(외부 광선)
   ④ 2급-12.jpg : 레이어 스타일 - Drop Shadow(그림자 효과)
   ⑤ 2급-13.jpg : 필터 - Crosshatch(그물눈), 레이어 스타일 - Opacity(불투명도)(60%)
   ⑥ 그 외 《출력형태》 참조

2. 문자 효과
   ① 국제 꽃박람회 (바탕, 48pt, 레이어 스타일 - 그라디언트 오버레이(스펙트럼), Stroke(선/획)(4px, #ffffff))
   ② 체험 프로그램 알아보기 (굴림, 18pt, #003399, 레이어 스타일 - Outer Glow(외부 광선))
   ③ 프리저브드 플라워, 꽃그림 그리기 (돋움, 14pt, #ffffff, 레이어 스타일 - Drop Shadow(그림자 효과))

《출력형태》

Shape Tool(모양 도구) 사용
#ff6600, 레이어 스타일 -
Drop Shadow(그림자 효과)

Shape Tool(모양 도구) 사용
#339900, 레이어 스타일 -
Bevel and Emboss(경사와 엠보스),
Opacity(불투명도)(80%)

Shape Tool(모양 도구) 사용
#ffff00, 레이어 스타일 -
Stroke(선/획)(3px, #ffff00)

제 02 회 실전모의고사
GTQ(그래픽기술자격)-(S/W:포토샵)

급수	문제유형	시험시간	수험번호	성명
2급	B	90분		

수험자 유의사항

- 수험자는 문제지를 받는 즉시 응시하고자 하는 **과목 및 급수가 맞는지 확인**한 후 수험번호와 성명을 작성합니다.
- 파일명은 본인의 "수험번호-성명-문제번호"로 공백 없이 정확히 입력하고 답안폴더(내문서\GTQ 또는 라이브러리\문서\GTQ)에 jpg 파일과 psd 파일의 2가지 포맷으로 저장해야 하며, jpg 파일과 psd 파일의 내용이 상이할 경우 0점 처리됩니다. 답안문서 파일명이 "수험번호-성명-문제번호"와 일치하지 않거나, 답안 파일을 전송하지 않아 미제출로 처리될 경우 불합격 처리됩니다.
- 문제의 세부조건은 '영문(한글)' 형식으로 표기되어 있으니 유의하시기 바랍니다.
- 수험자 정보와 저장한 파일명, 저장 위치가 다를 경우 전송이 되지 않으므로, 주의하시기 바랍니다.
- 답안 작성 중에도 **주기적으로 '저장'과 '답안 전송'**을 이용하여 감독위원 PC로 답안을 전송하셔야 합니다.
  (※ 작업한 내용을 <u>저장하지 않고 전송할 경우</u> 이전의 저장내용이 전송되오니 이점 반드시 유념하시기 바랍니다.)
- 답안문서를 지정된 경로 외의 다른 보조기억장치에 저장하는 행위, 지정된 시험 시간 외에 작성된 파일을 활용한 행위, 기타 통신수단(이메일, 메신저, 네트워크 등)을 이용하여 타인에게 전달 또는 외부 반출하는 행위는 부정으로 간주되어 **자격기본법 제32조에 의거 본 시험 및 국가공인 자격시험을 2년간 응시할 수 없습니다.**
- 시험 중 부주의 또는 고의로 시스템을 파손한 경우와 〈수험자 유의사항〉에 기재된 방법대로 이행하지 않아 생기는 불이익은 수험자의 책임임을 알려드립니다.
- 시험을 완료한 수험자는 최종적으로 저장한 답안 파일이 전송되었는지 확인한 후 감독위원의 지시에 따라 문제지를 제출하고 퇴실합니다.

답안 작성요령

- 온라인 답안 작성 절차
  수험자 등록 ⇒ 시험 시작 ⇒ 답안 파일 저장 ⇒ 답안 전송 ⇒ 시험 종료
- 내문서\GTQ\Image폴더에 있는 그림 원본파일을 사용하여 답안을 작성하시고 최종답안을 답안폴더(내문서\GTQ)에 저장하여 답안을 전송하시고, 이미지의 크기가 다른 경우 감점 처리됩니다.
- 배점은 총 100점으로 이루어지며, 점수는 각 문제별로 차등 배분됩니다.
- 각 문제는 주어진 〈조건〉에 따라 작성하고, 언급하지 않은 조건은 《출력형태》와 같이 작성합니다.
- 배치 등의 편의를 위해 주어진 눈금자의 단위는 '픽셀'입니다.
  그 외는 출력형태(효과, 이미지, 문자, 색상, 레이아웃, 규격 등)와 같게 작업하십시오.
- 문제 조건에 서체의 지정이 없을 경우 한글은 굴림이나 돋움, 영문은 Arial로 작업하십시오.
  (단, 그 외에 제시되지 않은 문자 속성을 기본값으로 작성하지 않은 경우는 감점 처리됩니다.)
- Image Mode(이미지 모드)는 별도의 처리조건이 없을 경우에는 RGB(8비트)로 작업하십시오.
- 모든 답안파일은 해상도 72 pixels/inch로 작업하십시오.
- Layer(레이어)는 각 기능별로 분할해야 하며, 임의로 합칠 경우나 각 기능에 대한 속성을 해지할 경우 해당 요소는 0점 처리됩니다.

문제 1 [기능평가] Tool(도구) 활용   20점

※ 다음의 《조건》에 따라 아래의 《출력형태》와 같이 작업하시오.

《조건》

원본 이미지	내문서₩GTQ₩Image₩2급-1.jpg		
파일 저장 규칙	JPG	파일명	내문서₩GTQ₩수험번호-성명-1.jpg
		크기	400 × 500 pixels
	PSD	파일명	내문서₩GTQ₩수험번호-성명-1.psd
		크기	40 × 50 pixels

1. 그림 효과
    ① 복제 및 변형 : 항아리
    ② Shape Tool(모양 도구) 사용 :
        - 나뭇잎 모양 (#66ccff, #669999,
          레이어 스타일 - Drop Shadow(그림자 효과))
        - 장식 모양 (#ffffff,
          레이어 스타일 - Bevel and Emboss(경사와 엠보스))
2. 문자 효과
    ① 숨쉬는 그릇 항아리 (돋움, 36pt, 레이어 스타일 -
       그라디언트 오버레이(#99cc66, #6633cc),
       Stroke(선/획)(2px, #ffffff))

《출력형태》

문제 2 [기능평가] 사진편집 기초   20점

※ 다음의 《조건》에 따라 아래의 《출력형태》와 같이 작업하시오.

《조건》

원본 이미지	내문서₩GTQ₩Image₩2급-2.jpg, 2급-3.jpg, 2급-4.jpg		
파일 저장 규칙	JPG	파일명	내문서₩GTQ₩수험번호-성명-2.jpg
		크기	400 × 500 pixels
	PSD	파일명	내문서₩GTQ₩수험번호-성명-2.psd
		크기	40 × 50 pixels

1. 그림 효과
    ① 색상 보정 : 2급-3.jpg - 파란색 계열로 보정,
       레이어 스타일 - Drop Shadow(그림자 효과)
    ② 액자 제작 :
       필터 - Stained Glass(스테인드 글라스/채색 유리),
       안쪽 테두리 (5px, #663333),
       레이어 스타일 - Drop Shadow(그림자 효과)
    ③ 2급-4.jpg : 레이어 스타일 - Outer Glow(외부 광선)
2. 문자 효과
    ① 흥겨운 우리가락 (돋움, 36pt, #ff9933,
       레이어 스타일 - Stroke(선/획)(3px, #000000))

《출력형태》

문제 3 [기능평가] 사진편집 25점

※ 다음의 《조건》에 따라 아래의 《출력형태》와 같이 작업하시오.

《조건》

원본 이미지	내문서₩GTQ₩Image₩2급-5.jpg, 2급-6.jpg, 2급-7.jpg, 2급-8.jpg		
파일 저장 규칙	JPG	파일명	내문서₩GTQ₩수험번호-성명-3.jpg
		크기	600 × 400 pixels
	PSD	파일명	내문서₩GTQ₩수험번호-성명-3.psd
		크기	60 × 40 pixels

1. 그림 효과
   ① 배경 : #00cc66
   ② 2급-5.jpg : 필터 - Angled Strokes(각진 선), 레이어 마스크 - 대각선 방향으로 흐릿하게
   ③ 2급-6.jpg : 레이어 스타일 - Drop Shadow(그림자 효과)
   ④ 2급-7.jpg : 레이어 스타일 - Outer Glow(외부 광선)
   ⑤ 2급-8.jpg : 레이어 스타일 - Bevel and Emboss(경사와 엠보스)
   ⑥ 그 외 《출력형태》 참조

2. 문자 효과
   ① 세계인이 반한 (궁서, 30pt, 레이어 스타일 - 그라디언트 오버레이(#ff0000, #00ff66), Stroke(선/획)(2px, #ffffff))
   ② 전통차 (궁서, 60pt, #336666, 레이어 스타일 - Drop Shadow(그림자 효과), Stroke(선/획)(3px, #ccff00))

《출력형태》

Shape Tool(모양 도구) 사용
레이어 스타일 - Inner Shadow(내부 그림자),
그라디언트 오버레이(#99cc33, #333333)

Shape Tool(모양 도구) 사용
#336666, 레이어 스타일 - Stroke(선/획)(5px, #cccc33)

문제 4 [실무응용] 이벤트 페이지 제작 — 35점

※ 다음의 《조건》에 따라 아래의 《출력형태》와 같이 작업하시오.

《조건》

원본 이미지	내문서₩GTQ₩Image₩2급-9.jpg, 2급-10.jpg, 2급-11.jpg, 2급-12.jpg, 2급-13.jpg		
파일 저장 규칙	JPG	파일명	내문서₩GTQ₩수험번호-성명-4.jpg
		크기	600 × 400 pixels
	PSD	파일명	내문서₩GTQ₩수험번호-성명-4.psd
		크기	60 × 40 pixels

1. 그림 효과

① 2급-9.jpg : 필터 - Dry Brush(드라이 브러쉬)
② 2급-10.jpg : 레이어 스타일 - Outer Glow(외부 광선), Inner Shadow(내부 그림자)
③ 2급-11.jpg : 레이어 스타일 - Outer Glow(외부 광선)
④ 2급-12.jpg : 필터 - Texturizer(텍스처화)
⑤ 2급-13.jpg : 레이어 스타일 - Drop Shadow(그림자 효과)
⑥ 그 외 《출력형태》 참조

2. 문자 효과

① 아름다운 전통혼례 (궁서, 40pt, #ffffcc, 레이어 스타일 - Stroke(선/획)(3px, #333399), Opacity(불투명도)(70%))
② 우아하고 화려한 (돋움, 20pt, #66ccff, 레이어 스타일 - Stroke(선/획)(2px, #3366cc))
③ Wedding Ceremony (Arial, Regular, 20pt, #003333, 레이어 스타일 - Stroke(선/획)(2px, #ffffff))

《출력형태》

Shape Tool(모양 도구) 사용
#999933, 레이어 스타일 -
Stroke(선/획)(3px, #ffffff),
Bevel and Emboss(경사와 엠보스)

Shape Tool(모양 도구) 사용
#ffff00, 레이어 스타일 -
Drop Shadow(그림자 효과)

Shape Tool(모양 도구) 사용
레이어 스타일 - Stroke(선/획)(5px, #ccff00)

실전모의고사
GTQ(그래픽기술자격)-(S/W:포토샵)

급수	문제유형	시험시간	수험번호	성 명
2급	C	90분		

수험자 유의사항

- 수험자는 문제지를 받는 즉시 응시하고자 하는 **과목 및 급수가 맞는지 확인**한 후 수험번호와 성명을 작성합니다.
- 파일명은 본인의 "수험번호-성명-문제번호"로 공백 없이 정확히 입력하고 답안폴더(내문서₩GTQ 또는 라이브러리₩문서₩GTQ)에 jpg 파일과 psd 파일의 2가지 포맷으로 저장해야 하며, jpg 파일과 psd 파일의 내용이 상이할 경우 0점 처리됩니다. 답안문서 파일명이 "수험번호-성명-문제번호"와 일치하지 않거나, 답안 파일을 전송하지 않아 미제출로 처리될 경우 불합격 처리됩니다.
- 문제의 세부조건은 '영문(한글)' 형식으로 표기되어 있으니 유의하시기 바랍니다.
- 수험자 정보와 저장한 파일명, 저장 위치가 다를 경우 전송이 되지 않으므로, 주의하시기 바랍니다.
- 답안 작성 중에도 **주기적으로 '저장'과 '답안 전송'**을 이용하여 감독위원 PC로 답안을 전송하셔야 합니다.
  (※ 작업한 내용을 저장하지 않고 전송할 경우 이전의 저장내용이 전송되오니 이점 반드시 유념하시기 바랍니다.)
- 답안문서를 지정된 경로 외의 다른 보조기억장치에 저장하는 행위, 지정된 시험 시간 외에 작성된 파일을 활용한 행위, 기타 통신수단(이메일, 메신저, 네트워크 등)을 이용하여 타인에게 전달 또는 외부 반출하는 행위는 부정으로 간주되어 **자격기본법 제32조에 의거 본 시험 및 국가공인 자격시험을 2년간 응시할 수 없습니다.**
- 시험 중 부주의 또는 고의로 시스템을 파손한 경우와 〈수험자 유의사항〉에 기재된 방법대로 이행하지 않아 생기는 불이익은 수험자의 책임임을 알려드립니다.
- 시험을 완료한 수험자는 최종적으로 저장한 답안 파일이 전송되었는지 확인한 후 감독위원의 지시에 따라 문제지를 제출하고 퇴실합니다.

답안 작성요령

- 온라인 답안 작성 절차
  수험자 등록 ⇒ 시험 시작 ⇒ 답안 파일 저장 ⇒ 답안 전송 ⇒ 시험 종료
- 내문서₩GTQ₩Image폴더에 있는 그림 원본파일을 사용하여 답안을 작성하시고 최종답안을 답안폴더(내문서₩GTQ)에 저장하여 답안을 전송하시고, 이미지의 크기가 다른 경우 감점 처리됩니다.
- 배점은 총 100점으로 이루어지며, 점수는 각 문제별로 차등 배분됩니다.
- 각 문제는 주어진 〈조건〉에 따라 작성하고, 언급하지 않은 조건은 《출력형태》와 같이 작성합니다.
- 배치 등의 편의를 위해 주어진 눈금자의 단위는 '픽셀'입니다.
  그 외는 출력형태(효과, 이미지, 문자, 색상, 레이아웃, 규격 등)와 같게 작업하십시오.
- 문제 조건에 서체의 지정이 없을 경우 한글은 굴림이나 돋움, 영문은 Arial로 작업하십시오.
  (단, 그 외에 제시되지 않은 문자 속성을 기본값으로 작성하지 않은 경우는 감점 처리됩니다.)
- Image Mode(이미지 모드)는 별도의 처리조건이 없을 경우에는 RGB(8비트)로 작업하십시오.
- 모든 답안파일은 해상도 72 pixels/inch로 작업하십시오.
- Layer(레이어)는 각 기능별로 분할해야 하며, 임의로 합칠 경우나 각 기능에 대한 속성을 해지할 경우 해당 요소는 0점 처리됩니다.

문제 1 [기능평가] Tool(도구) 활용   20점

※ 다음의 《조건》에 따라 아래의 《출력형태》와 같이 작업하시오.

《조건》

원본 이미지	내문서₩GTQ₩Image₩2급-1.jpg		
파일 저장 규칙	JPG	파일명	내문서₩GTQ₩수험번호-성명-1.jpg
		크기	400 × 500 pixels
	PSD	파일명	내문서₩GTQ₩수험번호-성명-1.psd
		크기	40 × 50 pixels

1. 그림 효과
   ① 복제 및 변형 : 눈사람
   ② Shape Tool(모양 도구) 사용 :
      - 우표 모양 (#ffffff, 레이어 스타일 - Inner Shadow(내부 그림자))
      - 눈 모양 (#ffffcc, #ffffff,
        레이어 스타일 - Drop Shadow(그림자 효과))

2. 문자 효과
   ① SNOW FESTIVAL (Arial, Bold, 42pt, 레이어 스타일 - 그라디언트 오버레이(#cc0000, #006633))

《출력형태》

문제 2 [기능평가] 사진편집 기초   20점

※ 다음의 《조건》에 따라 아래의 《출력형태》와 같이 작업하시오.

《조건》

원본 이미지	내문서₩GTQ₩Image₩2급-2.jpg, 2급-3.jpg, 2급-4.jpg		
파일 저장 규칙	JPG	파일명	내문서₩GTQ₩수험번호-성명-2.jpg
		크기	400 × 500 pixels
	PSD	파일명	내문서₩GTQ₩수험번호-성명-2.psd
		크기	40 × 50 pixels

1. 그림 효과
   ① 색상 보정 : 2급-3.jpg - 보라색 계열로 보정,
      레이어 스타일 - Outer Glow(외부 광선)
   ② 액자 제작 :
      필터 - Patchwork(패치워크/이어붙이기),
      안쪽 테두리 (5px, #cc0000),
      레이어 스타일 - Drop Shadow(그림자 효과)
   ③ 2급-4.jpg : 레이어 스타일 - Drop Shadow(그림자 효과)

2. 문자 효과
   ① 사랑나눔 선물세트 (궁서, 30pt, #660099,
      레이어 스타일 - Stroke(선/획)(2px, #ffffff))

《출력형태》

문제 3 [기능평가] 사진편집   25점

※ 다음의 《조건》에 따라 아래의 《출력형태》와 같이 작업하시오.

《조건》

원본 이미지	내문서₩GTQ₩Image₩2급-5.jpg, 2급-6.jpg, 2급-7.jpg, 2급-8.jpg		
파일 저장 규칙	JPG	파일명	내문서₩GTQ₩수험번호-성명-3.jpg
		크기	600 × 400 pixels
	PSD	파일명	내문서₩GTQ₩수험번호-성명-3.psd
		크기	60 × 40 pixels

1. 그림 효과

① 배경 : #663300
② 2급-5.jpg : 필터 - Water Paper(물 종이/젖은 종이), 레이어 마스크 - 세로 방향으로 흐릿하게
③ 2급-6.jpg : 레이어 스타일 - Drop Shadow(그림자 효과)
④ 2급-7.jpg : 레이어 스타일 - Bevel and Emboss(경사와 엠보스)
⑤ 2급-8.jpg : 레이어 스타일 - Outer Glow(외부 광선)
⑥ 그 외 《출력형태》 참조

2. 문자 효과

① 겨울상품 할인 대잔치 (돋움, 28pt, #cc0033, 레이어 스타일 - Drop Shadow(그림자 효과), Stroke(선/획)(2px, #ffffff))
② Clearance Sale (바탕, 32pt, 레이어 스타일 - 그라디언트 오버레이(#0000ff, #ff0000), Stroke(선/획)(2px, #ffffff))

《출력형태》

Shape Tool(모양 도구) 사용
#ffcc00, 레이어 스타일 - Inner Shadow(내부 그림자),
Stroke(선/획)(2px, #ffffff)

Shape Tool(모양 도구) 사용
#cccccc, 레이어 스타일 - Bevel and Emboss(경사와 엠보스),
Stroke(선/획)(2px, #ffffff)

문제 4 [실무응용] 이벤트 페이지 제작   35점

※ 다음의 《조건》에 따라 아래의 《출력형태》와 같이 작업하시오.

《조건》

원본 이미지	내문서₩GTQ₩Image₩2급-9.jpg, 2급-10.jpg, 2급-11.jpg, 2급-12.jpg, 2급-13.jpg	
파일 저장 규칙	JPG	파일명 : 내문서₩GTQ₩수험번호-성명-4.jpg
		크기 : 600 × 400 pixels
	PSD	파일명 : 내문서₩GTQ₩수험번호-성명-4.psd
		크기 : 60 × 40 pixels

1. 그림 효과

① 2급-9.jpg : 필터 - Dry Brush(드라이 브러쉬)
② 2급-10.jpg : 레이어 스타일 - Outer Glow(외부 광선), Bevel and Emboss(경사와 엠보스)
③ 2급-11.jpg : 레이어 스타일 - Bevel and Emboss(경사와 엠보스)
④ 2급-12.jpg : 레이어 스타일 - Outer Glow(외부 광선)
⑤ 2급-13.jpg : 필터 - Film Grain(필름 그레인), Opacity(불투명도)(70%)
⑥ 그 외 《출력형태》 참조

2. 문자 효과

① 평창 동계올림픽 SNS 이벤트 (돋움, 30pt, #ff0000, 레이어 스타일 - Drop Shadow(그림자 효과), Stroke(선/획)(2px, #ffffff))
② # PyeongChang 2018 (Times New Roman, Regular, 22pt, #006699, 레이어 스타일 - Stroke(선/획)(2px, #ffffff))
③ 사진을 찍어 올려주세요 (궁서, 20pt, #ffffff, 레이어 스타일 - Stroke(선/획)(2px, #666666))

《출력형태》

Shape Tool(모양 도구) 사용
#cccc66, 레이어 스타일 -
Drop Shadow(그림자 효과),
Stroke(선/획)(3px, #ffffff)

Shape Tool(모양 도구) 사용
#669933, #666699, 레이어 스타일 -
Drop Shadow(그림자 효과),
Stroke(선/획)(2px, #ffffff)

Shape Tool(모양 도구) 사용
#663300, 레이어 스타일 -
Stroke(선/획)(3px, #ffffff),
Inner Shadow(내부 그림자)

실전모의고사
제 04 회
GTQ(그래픽기술자격)-(S/W:포토샵)

급수	문제유형	시험시간	수험번호	성 명
2급	D	90분		

수험자 유의사항

- 수험자는 문제지를 받는 즉시 응시하고자 하는 **과목 및 급수가 맞는지 확인**한 후 수험번호와 성명을 작성합니다.
- 파일명은 본인의 "수험번호-성명-문제번호"로 공백 없이 정확히 입력하고 답안폴더(내문서₩GTQ 또는 라이브러리₩문서₩GTQ)에 jpg 파일과 psd 파일의 2가지 포맷으로 저장해야 하며, jpg 파일과 psd 파일의 내용이 상이할 경우 0점 처리됩니다. 답안문서 파일명이 "수험번호-성명-문제번호"와 일치하지 않거나, 답안 파일을 전송하지 않아 미제출로 처리될 경우 불합격 처리됩니다.
- 문제의 세부조건은 '영문(한글)' 형식으로 표기되어 있으니 유의하시기 바랍니다.
- 수험자 정보와 저장한 파일명, 저장 위치가 다를 경우 전송이 되지 않으므로, 주의하시기 바랍니다.
- 답안 작성 중에도 **주기적으로 '저장'과 '답안 전송'**을 이용하여 감독위원 PC로 답안을 전송하셔야 합니다.
  (※ 작업한 내용을 저장하지 않고 전송할 경우 이전의 저장내용이 전송되오니 이점 반드시 유념하시기 바랍니다.)
- 답안문서를 지정된 경로 외의 다른 보조기억장치에 저장하는 행위, 지정된 시험 시간 외에 작성된 파일을 활용한 행위, 기타 통신수단(이메일, 메신저, 네트워크 등)을 이용하여 타인에게 전달 또는 외부 반출하는 행위는 부정으로 간주되어 **자격기본법 제32조에 의거 본 시험 및 국가공인 자격시험을 2년간 응시할 수 없습니다.**
- 시험 중 부주의 또는 고의로 시스템을 파손한 경우와 〈수험자 유의사항〉에 기재된 방법대로 이행하지 않아 생기는 불이익은 수험자의 책임임을 알려드립니다.
- 시험을 완료한 수험자는 최종적으로 저장한 답안 파일이 전송되었는지 확인한 후 감독위원의 지시에 따라 문제지를 제출하고 퇴실합니다.

답안 작성요령

- 온라인 답안 작성 절차
  수험자 등록 ⇒ 시험 시작 ⇒ 답안 파일 저장 ⇒ 답안 전송 ⇒ 시험 종료
- 내문서₩GTQ₩Image폴더에 있는 그림 원본파일을 사용하여 답안을 작성하시고 최종답안을 답안폴더(내문서₩GTQ)에 저장하여 답안을 전송하시고, 이미지의 크기가 다른 경우 감점 처리됩니다.
- 배점은 총 100점으로 이루어지며, 점수는 각 문제별로 차등 배분됩니다.
- 각 문제는 주어진 〈조건〉에 따라 작성하고, 언급하지 않은 조건은 《출력형태》와 같이 작성합니다.
- 배치 등의 편의를 위해 주어진 눈금자의 단위는 '픽셀'입니다.
  그 외는 출력형태(효과, 이미지, 문자, 색상, 레이아웃, 규격 등)와 같게 작업하십시오.
- 문제 조건에 서체의 지정이 없을 경우 한글은 굴림이나 돋움, 영문은 Arial로 작업하십시오.
  (단, 그 외에 제시되지 않은 문자 속성을 기본값으로 작성하지 않은 경우는 감점 처리됩니다.)
- Image Mode(이미지 모드)는 별도의 처리조건이 없을 경우에는 RGB(8비트)로 작업하십시오.
- 모든 답안파일은 해상도 72 pixels/inch로 작업하십시오.
- Layer(레이어)는 각 기능별로 분할해야 하며, 임의로 합칠 경우나 각 기능에 대한 속성을 해지할 경우 해당 요소는 0점 처리됩니다.

문제 1 [기능평가] Tool(도구) 활용   20점

※ 다음의 《조건》에 따라 아래의 《출력형태》와 같이 작업하시오.

《조건》			
원본 이미지	내문서₩GTQ₩Image₩2급-1.jpg		
파일 저장 규칙	JPG	파일명	내문서₩GTQ₩수험번호-성명-1.jpg
		크기	400 × 500 pixels
	PSD	파일명	내문서₩GTQ₩수험번호-성명-1.psd
		크기	40 × 50 pixels

1. 그림 효과
   ① 복제 및 변형 : 나뭇잎
   ② Shape Tool(모양 도구) 사용 :
      - 새 모양 (#ffcccc, #cccccc,
        레이어 스타일 - Drop Shadow(그림자 효과))
      - 잎 모양 (#669966,
        레이어 스타일 - Inner Shadow(내부 그림자))

2. 문자 효과
   ① Happiness (궁서, 60pt,
     레이어 스타일 - 그라디언트 오버레이(#0ff660, #ffffff),
     Inner Shadow(내부 그림자))

《출력형태》

문제 2 [기능평가] 사진편집 기초   20점

※ 다음의 《조건》에 따라 아래의 《출력형태》와 같이 작업하시오.

《조건》			
원본 이미지	내문서₩GTQ₩Image₩2급-2.jpg, 2급-3.jpg, 2급-4.jpg		
파일 저장 규칙	JPG	파일명	내문서₩GTQ₩수험번호-성명-2.jpg
		크기	400 × 500 pixels
	PSD	파일명	내문서₩GTQ₩수험번호-성명-2.psd
		크기	40 × 50 pixels

1. 그림 효과
   ① 색상 보정 : 2급-3.jpg - 녹색 계열로 보정,
     레이어 스타일 - Drop Shadow(그림자 효과)
   ② 액자 제작 :
     필터 - Stained Glass(스테인드 글라스/채색 유리),
     안쪽 테두리 (5px, #999999),
     레이어 스타일 - Drop Shadow(그림자 효과)
   ③ 2급-4.jpg : 레이어 스타일 - Inner Shadow(내부 그림자)

2. 문자 효과
   ① 임신출산 박람회 (돋움, 30pt, #ffffff,
     레이어 스타일 - Stroke(선/획)(2px, #660033))

《출력형태》

문제 3 [기능평가] 사진편집　　　25점

※ 다음의 《조건》에 따라 아래의 《출력형태》와 같이 작업하시오.

《조건》

원본 이미지			내문서\GTQ\Image\2급-5.jpg, 2급-6.jpg, 2급-7.jpg, 2급-8.jpg
파일 저장 규칙	JPG	파일명	내문서\GTQ\수험번호-성명-3.jpg
		크기	600 × 400 pixels
	PSD	파일명	내문서\GTQ\수험번호-성명-3.psd
		크기	60 × 40 pixels

1. 그림 효과

① 배경 : #66ccff
② 2급-5.jpg : 필터 - Crosshatch(그물눈), 레이어 마스크 - 가로 방향으로 흐릿하게
③ 2급-6.jpg : 레이어 스타일 - Drop Shadow(그림자 효과)
④ 2급-7.jpg : 레이어 스타일 - Inner Glow(내부 광선)
⑤ 2급-8.jpg : 레이어 스타일 - Drop Shadow(그림자 효과)
⑥ 그 외 《출력형태》 참조

2. 문자 효과

① 꿈을 키워주는 파트너 (돋움, 35pt, 레이어 스타일 - 그라디언트 오버레이(#0000ff, #ff0000), Stroke(선/획)(2px, #ffffff))
② Dream Partner (Arial, Regular, 30pt, #ff6600, 레이어 스타일 - Drop Shadow(그림자 효과), Stroke(선/획)(2px, #000000))

《출력형태》

Shape Tool(모양 도구) 사용
레이어 스타일 - Inner Shadow(내부 그림자),
그라디언트 오버레이(#ffcc00, #ff0000, #000033)

Shape Tool(모양 도구) 사용
#66ccff, 레이어 스타일 - Stroke(선/획)(2px, #ffffcc)

문제 4 [실무응용] 이벤트 페이지 제작   35점

※ 다음의 《조건》에 따라 아래의 《출력형태》와 같이 작업하시오.

《조건》

원본 이미지			내문서₩GTQ₩Image₩2급-9.jpg, 2급-10.jpg, 2급-11.jpg, 2급-12.jpg, 2급-13.jpg
파일 저장 규칙	JPG	파일명	내문서₩GTQ₩수험번호-성명-4.jpg
		크기	600 × 400 pixels
	PSD	파일명	내문서₩GTQ₩수험번호-성명-4.psd
		크기	60 × 40 pixels

1. 그림 효과
   ① 2급-9.jpg : 필터 - Facet(단면화)
   ② 2급-10.jpg : 레이어 스타일 - Inner Glow(내부 광선), Drop Shadow(그림자 효과)
   ③ 2급-11.jpg : 레이어 스타일 - Bevel and Emboss(경사와 엠보스)
   ④ 2급-12.jpg : 필터 - Texturizer(텍스처화)
   ⑤ 2급-13.jpg : 레이어 스타일 - Drop Shadow(그림자 효과), Opacity(불투명도)(70%)
   ⑥ 그 외 《출력형태》 참조

2. 문자 효과
   ① Happy Mom's Fair (Arial, Bold, 40pt, #ff99cc, 레이어 스타일 - Drop Shadow(그림자 효과), Stroke(선/획)(2px, #ffffff))
   ② 아이들을 위한 따뜻한 세상 (돋움, 24pt, #ffff00, 레이어 스타일 - Stroke(선/획)(2px, #993300))
   ③ 행복한 아이! 신나는 육아! (궁서, 20pt, #660066, 레이어 스타일 - Outer Glow(외부 광선))

《출력형태》

Shape Tool(모양 도구) 사용
#99cc33, 레이어 스타일 -
Bevel and Emboss(경사와 엠보스),
Stroke(선/획)(2px, #ffffff)

Shape Tool(모양 도구) 사용
레이어 스타일 - Stroke(선/획)(4px, #ffcc00),
Inner Shadow(내부 그림자)

Shape Tool(모양 도구) 사용
#ff6600, #33cc33, 레이어 스타일 -
Drop Shadow(그림자 효과)

실전모의고사
제 05 회
GTQ(그래픽기술자격)-(S/W:포토샵)

급수	문제유형	시험시간	수험번호	성명
2급	E	90분		

수험자 유의사항

- 수험자는 문제지를 받는 즉시 응시하고자 하는 **과목 및 급수가 맞는지 확인**한 후 수험번호와 성명을 작성합니다.
- 파일명은 본인의 "수험번호-성명-문제번호"로 공백 없이 정확히 입력하고 답안폴더(내문서\GTQ 또는 라이브러리\문서\GTQ)에 jpg 파일과 psd 파일의 2가지 포맷으로 저장해야 하며, jpg 파일과 psd 파일의 내용이 상이할 경우 0점 처리됩니다. 답안문서 파일명이 "수험번호-성명-문제번호"와 일치하지 않거나, 답안 파일을 전송하지 않아 미제출로 처리될 경우 불합격 처리됩니다.
- 문제의 세부조건은 '영문(한글)' 형식으로 표기되어 있으니 유의하시기 바랍니다.
- 수험자 정보와 저장한 파일명, 저장 위치가 다를 경우 전송이 되지 않으므로, 주의하시기 바랍니다.
- 답안 작성 중에도 **주기적으로 '저장'과 '답안 전송'**을 이용하여 감독위원 PC로 답안을 전송하셔야 합니다.
  (※ 작업한 내용을 저장하지 않고 전송할 경우 이전의 저장내용이 전송되오니 이점 반드시 유념하시기 바랍니다.)
- 답안문서를 지정된 경로 외의 다른 보조기억장치에 저장하는 행위, 지정된 시험 시간 외에 작성된 파일을 활용한 행위, 기타 통신수단(이메일, 메신저, 네트워크 등)을 이용하여 타인에게 전달 또는 외부 반출하는 행위는 부정으로 간주되어 **자격기본법 제32조에 의거 본 시험 및 국가공인 자격시험을 2년간 응시할 수 없습니다.**
- 시험 중 부주의 또는 고의로 시스템을 파손한 경우와 〈수험자 유의사항〉에 기재된 방법대로 이행하지 않아 생기는 불이익은 수험자의 책임임을 알려드립니다.
- 시험을 완료한 수험자는 최종적으로 저장한 답안 파일이 전송되었는지 확인한 후 감독위원의 지시에 따라 문제지를 제출하고 퇴실합니다.

답안 작성요령

- 온라인 답안 작성 절차
  수험자 등록 ⇒ 시험 시작 ⇒ 답안 파일 저장 ⇒ 답안 전송 ⇒ 시험 종료
- 내문서\GTQ\Image폴더에 있는 그림 원본파일을 사용하여 답안을 작성하시고 최종답안을 답안폴더(내문서\GTQ)에 저장하여 답안을 전송하시고, 이미지의 크기가 다른 경우 감점 처리됩니다.
- 배점은 총 100점으로 이루어지며, 점수는 각 문제별로 차등 배분됩니다.
- 각 문제는 주어진 〈조건〉에 따라 작성하고, 언급하지 않은 조건은 《출력형태》와 같이 작성합니다.
- 배치 등의 편의를 위해 주어진 눈금자의 단위는 '픽셀'입니다.
  그 외는 출력형태(효과, 이미지, 문자, 색상, 레이아웃, 규격 등)와 같게 작업하십시오.
- 문제 조건에 서체의 지정이 없을 경우 한글은 굴림이나 돋움, 영문은 Arial로 작업하십시오.
  (단, 그 외에 제시되지 않은 문자 속성을 기본값으로 작성하지 않은 경우는 감점 처리됩니다.)
- Image Mode(이미지 모드)는 별도의 처리조건이 없을 경우에는 RGB(8비트)로 작업하십시오.
- 모든 답안파일은 해상도 72 pixels/inch로 작업하십시오.
- Layer(레이어)는 각 기능별로 분할해야 하며, 임의로 합칠 경우나 각 기능에 대한 속성을 해지할 경우 해당 요소는 0점 처리됩니다.

문제 1 [기능평가] Tool(도구) 활용   20점

※ 다음의 《조건》에 따라 아래의 《출력형태》와 같이 작업하시오.

《조건》

원본 이미지	내문서₩GTQ₩Image₩2급-1.jpg		
파일 저장 규칙	JPG	파일명	내문서₩GTQ₩수험번호-성명-1.jpg
		크기	400 × 500 pixels
	PSD	파일명	내문서₩GTQ₩수험번호-성명-1.psd
		크기	40 × 50 pixels

《출력형태》

1. 그림 효과
   ① 복제 및 변형 : 기와
   ② Shape Tool(모양 도구) 사용 :
      - 색종이 모양 (#ff00ff, #ffffff,
        레이어 스타일 - Drop Shadow(그림자 효과))
      - 꽃 모양 (#ffffff,
        레이어 스타일 - Bevel and Emboss(경사와 엠보스))

2. 문자 효과
   ① 한옥마을 기와 (바탕, 40pt, 레이어 스타일 -
      그라디언트 오버레이(#00ffcc, #ffff00),
      Stroke(선/획)(3px, #333333))

문제 2 [기능평가] 사진편집 기초   20점

※ 다음의 《조건》에 따라 아래의 《출력형태》와 같이 작업하시오.

《조건》

원본 이미지	내문서₩GTQ₩Image₩2급-2.jpg, 2급-3.jpg, 2급-4.jpg		
파일 저장 규칙	JPG	파일명	내문서₩GTQ₩수험번호-성명-2.jpg
		크기	400 × 500 pixels
	PSD	파일명	내문서₩GTQ₩수험번호-성명-2.psd
		크기	40 × 50 pixels

1. 그림 효과
   ① 색상 보정 : 2급-3.jpg - 빨간색 계열로 보정,
      레이어 스타일 - Bevel and Emboss(경사와 엠보스)
   ② 액자 제작 :
      필터 - Patchwork(패치워크/이어붙이기),
      안쪽 테두리 (5px, #99cc99),
      레이어 스타일 - Drop Shadow(그림자 효과)
   ③ 2급-4.jpg : 레이어 스타일 - Drop Shadow(그림자 효과)

2. 문자 효과
   ① 걷다, 야간 고궁 길 (궁서, 30pt, #000000,
      레이어 스타일 - Stroke(선/획)(2px, #ffffcc))

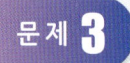

문제 3 [기능평가] 사진편집   25점

※ 다음의 《조건》에 따라 아래의 《출력형태》와 같이 작업하시오.

《조건》

원본 이미지			내문서₩GTQ₩Image₩2급-5.jpg, 2급-6.jpg, 2급-7.jpg, 2급-8.jpg
파일 저장 규칙	JPG	파일명	내문서₩GTQ₩수험번호-성명-3.jpg
		크기	600 × 400 pixels
	PSD	파일명	내문서₩GTQ₩수험번호-성명-3.psd
		크기	60 × 40 pixels

1. 그림 효과

① 배경 : #003333
② 2급-5.jpg : 필터 - Dry Brush(드라이 브러쉬), 레이어 마스크 - 세로 방향으로 흐릿하게
③ 2급-6.jpg : 레이어 스타일 - Outer Glow(외부 광선)
④ 2급-7.jpg : 레이어 스타일 - Drop Shadow(그림자 효과)
⑤ 2급-8.jpg : 레이어 스타일 - Bevel and Emboss(경사와 엠보스)
⑥ 그 외 《출력형태》 참조

2. 문자 효과

① 한옥의 아름다움 (궁서, 35pt, 레이어 스타일 - 그라디언트 오버레이(#ff0000, #999900, #003300), Stroke(선/획)(2px, #ffffff))
② 단 청 (돋움, 40pt, #ffffff, 레이어 스타일 - Stroke(선/획)(2px, #3333cc))

《출력형태》

Shape Tool(모양 도구) 사용
레이어 스타일 - Drop Shadow(그림자 효과), 그라디언트 오버레이(#ccff99, #336600)

Shape Tool(모양 도구) 사용
#330000, 레이어 스타일 - Outer Glow(외부 광선)

문제 4 [실무응용] 이벤트 페이지 제작   35점

※ 다음의 《조건》에 따라 아래의 《출력형태》와 같이 작업하시오.

《조건》

원본 이미지	내문서\GTQ\Image\2급-9.jpg, 2급-10.jpg, 2급-11.jpg, 2급-12.jpg, 2급-13.jpg		
파일 저장 규칙	JPG	파일명	내문서\GTQ\수험번호-성명-4.jpg
		크기	600 × 400 pixels
	PSD	파일명	내문서\GTQ\수험번호-성명-4.psd
		크기	60 × 40 pixels

1. 그림 효과

   ① 2급-9.jpg : 필터 - Facet(단면화)
   ② 2급-10.jpg : 레이어 스타일 - Bevel and Emboss(경사와 엠보스), Opacity(불투명도)(60%)
   ③ 2급-11.jpg : 레이어 스타일 - Drop Shadow(그림자 효과)
   ④ 2급-12.jpg : 필터 - Lens Flare(렌즈 플레어)
   ⑤ 2급-13.jpg : 레이어 스타일 - Drop Shadow(그림자 효과), Outer Glow(외부 광선)
   ⑥ 그 외 《출력형태》 참조

2. 문자 효과

   ① Korea Traditional Palace (Arial, Bold, 40pt, 레이어 스타일 - 그라디언트 오버레이(#336600, #ffffcc), Stroke(선/획)(2px, #333333))
   ② 한국의 역사적 가치 (바탕, 15pt, #0000ff, 레이어 스타일 - Stroke(선/획)(2px, #ffffff))
   ③ 궁을 함께 거닐다. (궁서, 20pt, #ffff99, 레이어 스타일 - Drop Shadow(그림자 효과))

《출력형태》

Shape Tool(모양 도구) 사용
#ffff00, 레이어 스타일 -
Drop Shadow(그림자 효과)

Shape Tool(모양 도구) 사용
레이어 스타일 - Stroke(선/획)(3px, #000000),
Inner Shadow(내부 그림자)

Shape Tool(모양 도구) 사용
#996600, #336699, 레이어 스타일 -
Outer Glow(외부 광선)

제 06 회 실전모의고사
GTQ(그래픽기술자격)-(S/W:포토샵)

급수	문제유형	시험시간	수험번호	성 명
2급	A	90분		

수험자 유의사항

- 수험자는 문제지를 받는 즉시 응시하고자 하는 **과목 및 급수가 맞는지 확인**한 후 수험번호와 성명을 작성합니다.
- 파일명은 본인의 "수험번호-성명-문제번호"로 공백 없이 정확히 입력하고 답안폴더(내문서₩GTQ 또는 라이브러리₩문서₩GTQ)에 jpg 파일과 psd 파일의 2가지 포맷으로 저장해야 하며, jpg 파일과 psd 파일의 내용이 상이할 경우 0점 처리됩니다. 답안문서 파일명이 "수험번호-성명-문제번호"와 일치하지 않거나, 답안 파일을 전송하지 않아 미제출로 처리될 경우 불합격 처리됩니다.
- 문제의 세부조건은 '영문(한글)' 형식으로 표기되어 있으니 유의하시기 바랍니다.
- 수험자 정보와 저장한 파일명, 저장 위치가 다를 경우 전송이 되지 않으므로, 주의하시기 바랍니다.
- 답안 작성 중에도 **주기적으로 '저장'과 '답안 전송'**을 이용하여 감독위원 PC로 답안을 전송하셔야 합니다.
  (※ 작업한 내용을 저장하지 않고 전송할 경우 이전의 저장내용이 전송되오니 이점 반드시 유념하시기 바랍니다.)
- 답안문서를 지정된 경로 외의 다른 보조기억장치에 저장하는 행위, 지정된 시험 시간 외에 작성된 파일을 활용한 행위, 기타 통신수단(이메일, 메신저, 네트워크 등)을 이용하여 타인에게 전달 또는 외부 반출하는 행위는 부정으로 간주되어 **자격기본법 제32조에 의거 본 시험 및 국가공인 자격시험을 2년간 응시할 수 없습니다.**
- 시험 중 부주의 또는 고의로 시스템을 파손한 경우와 〈수험자 유의사항〉에 기재된 방법대로 이행하지 않아 생기는 불이익은 수험자의 책임임을 알려드립니다.
- 시험을 완료한 수험자는 최종적으로 저장한 답안 파일이 전송되었는지 확인한 후 감독위원의 지시에 따라 문제지를 제출하고 퇴실합니다.

답안 작성요령

- 온라인 답안 작성 절차
  수험자 등록 ⇒ 시험 시작 ⇒ 답안 파일 저장 ⇒ 답안 전송 ⇒ 시험 종료
- 내문서₩GTQ₩Image폴더에 있는 그림 원본파일을 사용하여 답안을 작성하시고 최종답안을 답안폴더(내문서₩GTQ)에 저장하여 답안을 전송하시고, 이미지의 크기가 다른 경우 감점 처리됩니다.
- 배점은 총 100점으로 이루어지며, 점수는 각 문제별로 차등 배분됩니다.
- 각 문제는 주어진 〈조건〉에 따라 작성하고, 언급하지 않은 조건은 《출력형태》와 같이 작성합니다.
- 배치 등의 편의를 위해 주어진 눈금자의 단위는 '픽셀'입니다.
  그 외는 출력형태(효과, 이미지, 문자, 색상, 레이아웃, 규격 등)와 같게 작업하십시오.
- 문제 조건에 서체의 지정이 없을 경우 한글은 굴림이나 돋움, 영문은 Arial로 작업하십시오.
  (단, 그 외에 제시되지 않은 문자 속성을 기본값으로 작성하지 않은 경우는 감점 처리됩니다.)
- Image Mode(이미지 모드)는 별도의 처리조건이 없을 경우에는 RGB(8비트)로 작업하십시오.
- 모든 답안파일은 해상도 72 pixels/inch로 작업하십시오.
- Layer(레이어)는 각 기능별로 분할해야 하며, 임의로 합칠 경우나 각 기능에 대한 속성을 해지할 경우 해당 요소는 0점 처리됩니다.

문제 1 [기능평가] Tool(도구) 활용 20점

※ 다음의 《조건》에 따라 아래의 《출력형태》와 같이 작업하시오.

《조건》

원본 이미지	내문서\GTQ\Image\2급-1.jpg		
파일 저장 규칙	JPG	파일명	내문서\GTQ\수험번호-성명-1.jpg
		크기	400 × 500 pixels
	PSD	파일명	내문서\GTQ\수험번호-성명-1.psd
		크기	40 × 50 pixels

1. 그림 효과
   ① 복제 및 변형 : 유리병
   ② Shape Tool(모양 도구) 사용 :
      - 눈송이 모양 (#ffffff, #00ccff,
        레이어 스타일 - Outer Glow(외부 광선))
      - 장식 모양 (#cccccc,
        레이어 스타일 - Bevel and Emboss(경사와 엠보스))

2. 문자 효과
   ① 달콤한 휴식 (돋움, 36pt, 레이어 스타일 -
      그라디언트 오버레이(#ffffff, #33ccff))

《출력형태》

문제 2 [기능평가] 사진편집 기초 20점

※ 다음의 《조건》에 따라 아래의 《출력형태》와 같이 작업하시오.

《조건》

원본 이미지	내문서\GTQ\Image\2급-2.jpg, 2급-3.jpg, 2급-4.jpg		
파일 저장 규칙	JPG	파일명	내문서\GTQ\수험번호-성명-2.jpg
		크기	400 × 500 pixels
	PSD	파일명	내문서\GTQ\수험번호-성명-2.psd
		크기	40 × 50 pixels

1. 그림 효과
   ① 색상 보정 : 2급-3.jpg - 노란색 계열로 보정,
      레이어 스타일 - Bevel and Emboss(경사와 엠보스)
   ② 액자 제작 :
      필터 - Patchwork(패치워크/이어붙이기),
      안쪽 테두리 (5px, #99ffff),
      레이어 스타일 - Drop Shadow(그림자 효과)
   ③ 2급-4.jpg : 레이어 스타일 - Drop Shadow(그림자 효과)

2. 문자 효과
   ① Rest Room (Arial, Bold, 45pt, #ff33cc,
      레이어 스타일 - Stroke(선/획)(3px, #ffffff))

《출력형태》

문제 3 [기능평가] 사진편집 25점

※ 다음의 《조건》에 따라 아래의 《출력형태》와 같이 작업하시오.

《조건》

원본 이미지		내문서₩GTQ₩Image₩2급-5.jpg, 2급-6.jpg, 2급-7.jpg, 2급-8.jpg
파일 저장 규칙	JPG	파일명	내문서₩GTQ₩수험번호-성명-3.jpg
		크기	600 × 400 pixels
	PSD	파일명	내문서₩GTQ₩수험번호-성명-3.psd
		크기	60 × 40 pixels

1. 그림 효과

① 배경 : #0066ff
② 2급-5.jpg : 필터 - Crosshatch(그물눈), 레이어 마스크 - 대각선 방향으로 흐릿하게
③ 2급-6.jpg : 레이어 스타일 - Outer Glow(외부 광선)
④ 2급-7.jpg : 레이어 스타일 - Drop Shadow(그림자 효과)
⑤ 2급-8.jpg : 레이어 스타일 - Inner Glow(내부 광선), Outer Glow(외부 광선)
⑥ 그 외 《출력형태》 참조

2. 문자 효과

① 반짝반짝 빛나는 (바탕, 25pt, 레이어 스타일 - 그라디언트 오버레이(#ff6600, #ffff00), Stroke(선/획)(2px, #003366))
② WINDOW (Times New Roman, Bold, 45pt, #ccffff, 레이어 스타일 - Stroke(선/획)(2px, #000000), Bevel and Emboss(경사와 엠보스))

《출력형태》

Shape Tool(모양 도구) 사용
레이어 스타일 - Inner Shadow(내부 그림자),
그라디언트 오버레이(#000033, #ffcc00)

Shape Tool(모양 도구) 사용
#003366, 레이어 스타일 -
Stroke(선/획)(2px, #ffffff)

문제 4 [실무응용] 이벤트 페이지 제작 35점

※ 다음의 《조건》에 따라 아래의 《출력형태》와 같이 작업하시오.

《조건》

원본 이미지	내문서₩GTQ₩Image₩2급-9.jpg, 2급-10.jpg, 2급-11.jpg, 2급-12.jpg, 2급-13.jpg		
파일 저장 규칙	JPG	파일명	내문서₩GTQ₩수험번호-성명-4.jpg
		크기	600 × 400 pixels
	PSD	파일명	내문서₩GTQ₩수험번호-성명-4.psd
		크기	60 × 40 pixels

1. 그림 효과

① 2급-9.jpg : 필터 - Paint Daubs(페인트 덥스/페인트 바르기)
② 2급-10.jpg : 레이어 스타일 - Outer Glow(외부 광선), Inner Shadow(내부 그림자)
③ 2급-11.jpg : 레이어 스타일 - Drop Shadow(그림자 효과)
④ 2급-12.jpg : 레이어 스타일 - Drop Shadow(그림자 효과), Opacity(불투명도)(80%)
⑤ 2급-13.jpg : 필터 - Texturizer(텍스처화)
⑥ 그 외 《출력형태》 참조

2. 문자 효과

① Limited Edition (Arial, Bold, 40pt, 레이어 스타일 - 그라디언트 오버레이(#99ccff, #ffffff, #ffcc00), Stroke(선/획)(3px, #006600))
② Glassware (Times New Roman, Bold, 32pt, #ffffff, 레이어 스타일 - Stroke(선/획)(3px, #cc0000))
③ 투명한 매력에 빠지다 (바탕, 18pt, #ffffff, 레이어 스타일 - Stroke(선/획)(2px, #333333))

《출력형태》

Shape Tool(모양 도구) 사용
레이어 스타일 - Stroke(선/획)(5px, #ccff99),
Inner Shadow(내부 그림자)

Shape Tool(모양 도구) 사용
#ff3399, 레이어 스타일 -
Outer Glow(외부 광선)

Shape Tool(모양 도구) 사용
#ccffff, 레이어 스타일 -
Drop Shadow(그림자 효과)

실전모의고사

제 07 회

GTQ(그래픽기술자격)-(S/W:포토샵)

급수	문제유형	시험시간	수험번호	성명
2급	B	90분		

수험자 유의사항

- 수험자는 문제지를 받는 즉시 응시하고자 하는 **과목 및 급수가 맞는지 확인**한 후 수험번호와 성명을 작성합니다.
- 파일명은 본인의 "수험번호-성명-문제번호"로 공백 없이 정확히 입력하고 답안폴더(내문서₩GTQ 또는 라이브러리₩문서₩GTQ)에 jpg 파일과 psd 파일의 2가지 포맷으로 저장해야 하며, jpg 파일과 psd 파일의 내용이 상이할 경우 0점 처리됩니다. 답안문서 파일명이 "수험번호-성명-문제번호"와 일치하지 않거나, 답안 파일을 전송하지 않아 미제출로 처리될 경우 불합격 처리됩니다.
- 문제의 세부조건은 '영문(한글)' 형식으로 표기되어 있으니 유의하시기 바랍니다.
- 수험자 정보와 저장한 파일명, 저장 위치가 다를 경우 전송이 되지 않으므로, 주의하시기 바랍니다.
- 답안 작성 중에도 **주기적으로 '저장'과 '답안 전송'**을 이용하여 감독위원 PC로 답안을 전송하셔야 합니다.
  (※ 작업한 내용을 저장하지 않고 전송할 경우 이전의 저장내용이 전송되오니 이점 반드시 유념하시기 바랍니다.)
- 답안문서를 지정된 경로 외의 다른 보조기억장치에 저장하는 행위, 지정된 시험 시간 외에 작성된 파일을 활용한 행위, 기타 통신수단(이메일, 메신저, 네트워크 등)을 이용하여 타인에게 전달 또는 외부 반출하는 행위는 부정으로 간주되어 **자격기본법 제32조에 의거 본 시험 및 국가공인 자격시험을 2년간 응시할 수 없습니다.**
- 시험 중 부주의 또는 고의로 시스템을 파손한 경우와 〈수험자 유의사항〉에 기재된 방법대로 이행하지 않아 생기는 불이익은 수험자의 책임임을 알려드립니다.
- 시험을 완료한 수험자는 최종적으로 저장한 답안 파일이 전송되었는지 확인한 후 감독위원의 지시에 따라 문제지를 제출하고 퇴실합니다.

답안 작성요령

- 온라인 답안 작성 절차
  수험자 등록 ⇒ 시험 시작 ⇒ 답안 파일 저장 ⇒ 답안 전송 ⇒ 시험 종료
- 내문서₩GTQ₩Image폴더에 있는 그림 원본파일을 사용하여 답안을 작성하시고 최종답안을 답안폴더(내문서₩GTQ)에 저장하여 답안을 전송하시고, 이미지의 크기가 다른 경우 감점 처리됩니다.
- 배점은 총 100점으로 이루어지며, 점수는 각 문제별로 차등 배분됩니다.
- 각 문제는 주어진 〈조건〉에 따라 작성하고, 언급하지 않은 조건은 《출력형태》와 같이 작성합니다.
- 배치 등의 편의를 위해 주어진 눈금자의 단위는 '픽셀'입니다.
  그 외는 출력형태(효과, 이미지, 문자, 색상, 레이아웃, 규격 등)와 같게 작업하십시오.
- 문제 조건에 서체의 지정이 없을 경우 한글은 굴림이나 돋움, 영문은 Arial로 작업하십시오.
  (단, 그 외에 제시되지 않은 문자 속성을 기본값으로 작성하지 않은 경우는 감점 처리됩니다.)
- Image Mode(이미지 모드)는 별도의 처리조건이 없을 경우에는 RGB(8비트)로 작업하십시오.
- 모든 답안파일은 해상도 72 pixels/inch로 작업하십시오.
- Layer(레이어)는 각 기능별로 분할해야 하며, 임의로 합칠 경우나 각 기능에 대한 속성을 해지할 경우 해당 요소는 0점 처리됩니다.

문제 1 [기능평가] Tool(도구) 활용   20점

※ 다음의 《조건》에 따라 아래의 《출력형태》와 같이 작업하시오.

《조건》			
원본 이미지	내문서\GTQ\Image\2급-1.jpg		
파일 저장 규칙	JPG	파일명	내문서\GTQ\수험번호-성명-1.jpg
		크기	400 × 500 pixels
	PSD	파일명	내문서\GTQ\수험번호-성명-1.psd
		크기	40 × 50 pixels

1. 그림 효과
   ① 복제 및 변형 : 요트
   ② Shape Tool(모양 도구) 사용 :
      - 물결 모양 (#99ffff, #ffffff,
        레이어 스타일 - Drop Shadow(그림자 효과))
      - 해 모양 (#ff0000, 레이어 스타일 - Outer Glow(외부 광선))

2. 문자 효과
   ① Yacht Race (Arial, Bold, 45pt, 레이어 스타일 -
      그라디언트 오버레이(#ff6666, #3366ff))

문제 2 [기능평가] 사진편집 기초   20점

※ 다음의 《조건》에 따라 아래의 《출력형태》와 같이 작업하시오.

《조건》			
원본 이미지	내문서\GTQ\Image\2급-2.jpg, 2급-3.jpg, 2급-4.jpg		
파일 저장 규칙	JPG	파일명	내문서\GTQ\수험번호-성명-2.jpg
		크기	400 × 500 pixels
	PSD	파일명	내문서\GTQ\수험번호-성명-2.psd
		크기	40 × 50 pixels

1. 그림 효과
   ① 색상 보정 : 2급-3.jpg - 파란색 계열로 보정,
      레이어 스타일 - Drop Shadow(그림자 효과)
   ② 액자 제작 :
      필터 - Crosshatch(그물눈), 안쪽 테두리 (5px, #cc9900),
      레이어 스타일 - Drop Shadow(그림자 효과)
   ③ 2급-4.jpg : 레이어 스타일 - Outer Glow(외부 광선)

2. 문자 효과
   ① 가을은 아름답고 풍요로운 계절 (돋움, 28pt, #ffff00,
      레이어 스타일 - Stroke(선/획)(3px, #993333))

문제 3 [기능평가] 사진편집 25점

※ 다음의 《조건》에 따라 아래의 《출력형태》와 같이 작업하시오.

《조건》

원본 이미지			내문서₩GTQ₩Image₩2급-5.jpg, 2급-6.jpg, 2급-7.jpg, 2급-8.jpg
파일 저장 규칙	JPG	파일명	내문서₩GTQ₩수험번호-성명-3.jpg
		크기	600 × 400 pixels
	PSD	파일명	내문서₩GTQ₩수험번호-성명-3.psd
		크기	60 × 40 pixels

1. 그림 효과

① 배경 : #ccffff
② 2급-5.jpg : 필터 - Texturizer(텍스처화), 레이어 마스크 - 세로 방향으로 흐릿하게
③ 2급-6.jpg : 레이어 스타일 - Drop Shadow(그림자 효과)
④ 2급-7.jpg : 레이어 스타일 - Drop Shadow(그림자 효과)
⑤ 2급-8.jpg : 레이어 스타일 - Bevel and Emboss(경사와 엠보스)
⑥ 그 외 《출력형태》 참조

2. 문자 효과

① 컴퓨터 시스템 (돋움, 35pt, 레이어 스타일 - 그라디언트 오버레이(#cc0000, #0033cc), Stroke(선/획)(2px, #ffffff))
② Computer System (Times New Roman, Regular, 28pt, #3333ff,
   레이어 스타일 - Drop Shadow(그림자 효과), Stroke(선/획)(2px, #ffffff))

《출력형태》

Shape Tool(모양 도구) 사용
레이어 스타일 - Inner Shadow(내부 그림자),
그라디언트 오버레이(#00ffcc, #3366ff, #ff0066)

Shape Tool(모양 도구) 사용
#3399ff, #003399,
레이어 스타일 - Stroke(선/획)(2px, #ffffff)

문제 4 [실무응용] 이벤트 페이지 제작 35점

※ 다음의 《조건》에 따라 아래의 《출력형태》와 같이 작업하시오.

《조건》

원본 이미지			내문서\GTQ\Image\2급-9.jpg, 2급-10.jpg, 2급-11.jpg, 2급-12.jpg, 2급-13.jpg
파일 저장 규칙	JPG	파일명	내문서\GTQ\수험번호-성명-4.jpg
		크기	600 × 400 pixels
	PSD	파일명	내문서\GTQ\수험번호-성명-4.psd
		크기	60 × 40 pixels

1. 그림 효과

① 2급-9.jpg : 필터 - Paint Daubs(페인트 덥스/페인트 바르기)
② 2급-10.jpg : 레이어 스타일 - Outer Glow(외부 광선), Inner Shadow(내부 그림자)
③ 2급-11.jpg : 레이어 스타일 - Bevel and Emboss(경사와 엠보스), Opacity(불투명도)(60%)
④ 2급-12.jpg : 필터 - Stained Glass(스테인드 글라스/채색 유리)
⑤ 2급-13.jpg : 레이어 스타일 - Drop Shadow(그림자 효과)
⑥ 그 외 《출력형태》 참조

2. 문자 효과

① Take a Trip (Arial, Bold, 38pt, #339933, 레이어 스타일 - Drop Shadow(그림자 효과), Stroke(선/획)(2px, #ffffff))
② 자연으로 떠나는 여행 (궁서, 28pt, #ffffff, 레이어 스타일 - Stroke(선/획)(2px, #0066cc))
③ 안전한 길을 이용하세요 (바탕, 17pt, #ffffff, 레이어 스타일 - Outer Glow(외부 광선))

《출력형태》

Shape Tool(모양 도구) 사용
#ff99cc, #ffff33, 레이어 스타일 - Drop Shadow(그림자 효과)

Shape Tool(모양 도구) 사용
레이어 스타일 - Stroke(선/획)(2px, #ffff33), Drop Shadow(그림자 효과)

Shape Tool(모양 도구) 사용
레이어 스타일 - 그라디언트 오버레이(#336600, #ffffff), Stroke(선/획)(2px, #006633)

실전모의고사
제08회
GTQ(그래픽기술자격)-(S/W:포토샵)

급수	문제유형	시험시간	수험번호	성 명
2급	C	90분		

수험자 유의사항

- 수험자는 문제지를 받는 즉시 응시하고자 하는 **과목 및 급수가 맞는지 확인**한 후 수험번호와 성명을 작성합니다.
- 파일명은 본인의 "수험번호-성명-문제번호"로 공백 없이 정확히 입력하고 답안폴더(내문서\GTQ 또는 라이브러리\문서\GTQ)에 jpg 파일과 psd 파일의 2가지 포맷으로 저장해야 하며, jpg 파일과 psd 파일의 내용이 상이할 경우 0점 처리됩니다. 답안문서 파일명이 "수험번호-성명-문제번호"와 일치하지 않거나, 답안 파일을 전송하지 않아 미제출로 처리될 경우 불합격 처리됩니다.
- 문제의 세부조건은 '영문(한글)' 형식으로 표기되어 있으니 유의하시기 바랍니다.
- 수험자 정보와 저장한 파일명, 저장 위치가 다를 경우 전송이 되지 않으므로, 주의하시기 바랍니다.
- 답안 작성 중에도 **주기적으로 '저장'과 '답안 전송'**을 이용하여 감독위원 PC로 답안을 전송하셔야 합니다.
  (※ **작업한 내용을 저장하지 않고 전송할 경우** 이전의 저장내용이 전송되오니 이점 반드시 유념하시기 바랍니다.)
- 답안문서를 지정된 경로 외의 다른 보조기억장치에 저장하는 행위, 지정된 시험 시간 외에 작성된 파일을 활용한 행위, 기타 통신수단(이메일, 메신저, 네트워크 등)을 이용하여 타인에게 전달 또는 외부 반출하는 행위는 부정으로 간주되어 **자격기본법 제32조에 의거 본 시험 및 국가공인 자격시험을 2년간 응시할 수 없습니다.**
- 시험 중 부주의 또는 고의로 시스템을 파손한 경우와 〈수험자 유의사항〉에 기재된 방법대로 이행하지 않아 생기는 불이익은 수험자의 책임임을 알려드립니다.
- 시험을 완료한 수험자는 최종적으로 저장한 답안 파일이 전송되었는지 확인한 후 감독위원의 지시에 따라 문제지를 제출하고 퇴실합니다.

답안 작성요령

- 온라인 답안 작성 절차
  수험자 등록 ⇒ 시험 시작 ⇒ 답안 파일 저장 ⇒ 답안 전송 ⇒ 시험 종료
- 내문서\GTQ\Image폴더에 있는 그림 원본파일을 사용하여 답안을 작성하시고 최종답안을 답안폴더(내문서\GTQ)에 저장하여 답안을 전송하시고, 이미지의 크기가 다른 경우 감점 처리됩니다.
- 배점은 총 100점으로 이루어지며, 점수는 각 문제별로 차등 배분됩니다.
- 각 문제는 주어진 〈조건〉에 따라 작성하고, 언급하지 않은 조건은 《출력형태》와 같이 작성합니다.
- 배치 등의 편의를 위해 주어진 눈금자의 단위는 '픽셀'입니다.
  그 외는 출력형태(효과, 이미지, 문자, 색상, 레이아웃, 규격 등)와 같게 작업하십시오.
- 문제 조건에 서체의 지정이 없을 경우 한글은 굴림이나 돋움, 영문은 Arial로 작업하십시오.
  (단, 그 외에 제시되지 않은 문자 속성을 기본값으로 작성하지 않은 경우는 감점 처리됩니다.)
- Image Mode(이미지 모드)는 별도의 처리조건이 없을 경우에는 RGB(8비트)로 작업하십시오.
- 모든 답안파일은 해상도 72 pixels/inch로 작업하십시오.
- Layer(레이어)는 각 기능별로 분할해야 하며, 임의로 합칠 경우나 각 기능에 대한 속성을 해지할 경우 해당 요소는 0점 처리됩니다.

문제 1 [기능평가] Tool(도구) 활용 20점

※ 다음의 《조건》에 따라 아래의 《출력형태》와 같이 작업하시오.

《조건》			
원본 이미지	내문서\GTQ\Image\2급-1.jpg		
파일 저장 규칙	JPG	파일명	내문서\GTQ\수험번호-성명-1.jpg
		크기	400 × 500 pixels
	PSD	파일명	내문서\GTQ\수험번호-성명-1.psd
		크기	40 × 50 pixels

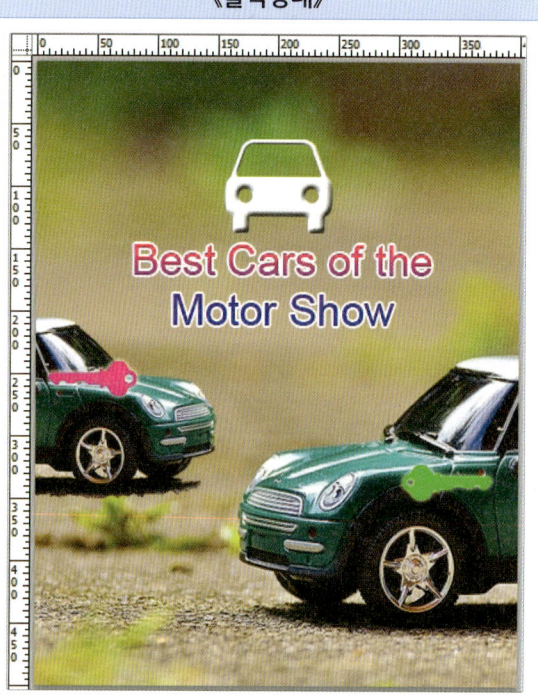

1. 그림 효과
   ① 복제 및 변형 : 자동차
   ② Shape Tool(모양 도구) 사용 :
      - 열쇠 모양 (#ff0099, #00ff00,
        레이어 스타일 - Outer Glow(외부 광선))
      - 자동차 모양 (#ffffff,
        레이어 스타일 - Bevel and Emboss(경사와 엠보스))

2. 문자 효과
   ① Best Cars of the Motor Show (Arial, Regular, 35pt,
      레이어 스타일 - 그라디언트 오버레이(#0000cc, #ff0066),
      Stroke(선/획)(2px, #ffffff))

문제 2 [기능평가] 사진편집 기초 20점

※ 다음의 《조건》에 따라 아래의 《출력형태》와 같이 작업하시오.

《조건》			
원본 이미지	내문서\GTQ\Image\2급-2.jpg, 2급-3.jpg, 2급-4.jpg		
파일 저장 규칙	JPG	파일명	내문서\GTQ\수험번호-성명-2.jpg
		크기	400 × 500 pixels
	PSD	파일명	내문서\GTQ\수험번호-성명-2.psd
		크기	40 × 50 pixels

1. 그림 효과
   ① 색상 보정 : 2급-3.jpg - 노란색 계열로 보정,
      레이어 스타일 - Bevel and Emboss(경사와 엠보스)
   ② 액자 제작 :
      필터 - Stained Glass(스테인드 글라스/채색 유리),
      안쪽 테두리 (5px, #00ccff),
      레이어 스타일 - Inner Glow(내부 광선)
   ③ 2급-4.jpg : 레이어 스타일 - Outer Glow(외부 광선)

2. 문자 효과
   ① 세계자동차박물관 (굴림, 30pt, #ffffff,
      레이어 스타일 - Stroke(선/획)(2px, #3399ff))

문제 3 [기능평가] 사진편집   25점

※ 다음의 《조건》에 따라 아래의 《출력형태》와 같이 작업하시오.

《조건》

원본 이미지		내문서\GTQ\Image\2급-5.jpg, 2급-6.jpg, 2급-7.jpg, 2급-8.jpg	
파일 저장 규칙	JPG	파일명	내문서\GTQ\수험번호-성명-3.jpg
		크기	600 × 400 pixels
	PSD	파일명	내문서\GTQ\수험번호-성명-3.psd
		크기	60 × 40 pixels

1. 그림 효과

① 배경 : #3399ff
② 2급-5.jpg : 필터 - Crosshatch(그물눈), 레이어 마스크 - 세로 방향으로 흐릿하게
③ 2급-6.jpg : 레이어 스타일 - Drop Shadow(그림자 효과)
④ 2급-7.jpg : 레이어 스타일 - Inner Shadow(내부 그림자)
⑤ 2급-8.jpg : 레이어 스타일 - Outer Glow(외부 광선)
⑥ 그 외 《출력형태》 참조

2. 문자 효과

① 매력적인 유럽여행 (바탕, 30pt, 레이어 스타일 - 그라디언트 오버레이(#ff3399, #33ccff), Stroke(선/획)(2px, #ffffff))
② 자동차 여행으로 (바탕, 35pt, #cc3333, 레이어 스타일 - Drop Shadow(그림자 효과), Stroke(선/획)(2px, #ffffff))

《출력형태》

Shape Tool(모양 도구) 사용
#336699, #009933,
레이어 스타일 -
Stroke(선/획)(2px, #ffffff)

Shape Tool(모양 도구) 사용
#ffff66, 레이어 스타일 - Inner Shadow(내부 그림자),
Drop Shadow(그림자 효과)

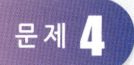

[실무응용] 이벤트 페이지 제작

35점

※ 다음의 《조건》에 따라 아래의 《출력형태》와 같이 작업하시오.

《조건》

원본 이미지			내문서\GTQ\Image\2급-9.jpg, 2급-10.jpg, 2급-11.jpg, 2급-12.jpg, 2급-13.jpg
파일 저장 규칙	JPG	파일명	내문서\GTQ\수험번호-성명-4.jpg
		크기	600 × 400 pixels
	PSD	파일명	내문서\GTQ\수험번호-성명-4.psd
		크기	60 × 40 pixels

1. 그림 효과

   ① 2급-9.jpg : 필터 - Texturizer(텍스처화)
   ② 2급-10.jpg : 레이어 스타일 - Outer Glow(외부 광선), Inner Shadow(내부 그림자)
   ③ 2급-11.jpg : 레이어 스타일 - Bevel and Emboss(경사와 엠보스)
   ④ 2급-12.jpg : 필터 - Texturizer(텍스처화)
   ⑤ 2급-13.jpg : 레이어 스타일 - Drop Shadow(그림자 효과), Opacity(불투명도)(70%)
   ⑥ 그 외 《출력형태》 참조

2. 문자 효과

   ① Speed Racing (Arial, Regular, 25pt, #3333ff, 레이어 스타일 - Drop Shadow(그림자 효과), Stroke(선/획)(2px, #ffffff))
   ② 심장이 뛰는 스포츠 (돋움, 40pt, #ffffff, 레이어 스타일 - Stroke(선/획)(3px, #3399cc))
   ③ 서킷을 달리다 (궁서, 20pt, #cc3333, 레이어 스타일 - Stroke(선/획)(2px, #ffffcc))

《출력형태》

Shape Tool(모양 도구) 사용
#00ffcc, 레이어 스타일 - Bevel and Emboss
(경사와 엠보스), Stroke(선/획)(3px, #ffffff)

Shape Tool(모양 도구) 사용
레이어 스타일 - Stroke(선/획)(4px, #ffcc00),
Inner Shadow(내부 그림자)

Shape Tool(모양 도구) 사용
#6699cc, 레이어 스타일 -
Inner Glow(내부 광선)

실전모의고사 제09회
GTQ(그래픽기술자격)-(S/W:포토샵)

급수	문제유형	시험시간	수험번호	성 명
2급	D	90분		

수험자 유의사항

- 수험자는 문제지를 받는 즉시 응시하고자 하는 **과목 및 급수가 맞는지 확인**한 후 수험번호와 성명을 작성합니다.
- 파일명은 본인의 "수험번호-성명-문제번호"로 공백 없이 정확히 입력하고 답안폴더(내문서₩GTQ 또는 라이브러리₩문서₩GTQ)에 jpg 파일과 psd 파일의 2가지 포맷으로 저장해야 하며, jpg 파일과 psd 파일의 내용이 상이할 경우 0점 처리됩니다. 답안문서 파일명이 "수험번호-성명-문제번호"와 일치하지 않거나, 답안 파일을 전송하지 않아 미제출로 처리될 경우 불합격 처리됩니다.
- 문제의 세부조건은 '영문(한글)' 형식으로 표기되어 있으니 유의하시기 바랍니다.
- 수험자 정보와 저장한 파일명, 저장 위치가 다를 경우 전송이 되지 않으므로, 주의하시기 바랍니다.
- 답안 작성 중에도 **주기적으로 '저장'과 '답안 전송'**을 이용하여 감독위원 PC로 답안을 전송하셔야 합니다.
  (※ 작업한 내용을 저장하지 않고 전송할 경우 이전의 저장내용이 전송되오니 이점 반드시 유념하시기 바랍니다.)
- 답안문서를 지정된 경로 외의 다른 보조기억장치에 저장하는 행위, 지정된 시험 시간 외에 작성된 파일을 활용한 행위, 기타 통신수단(이메일, 메신저, 네트워크 등)을 이용하여 타인에게 전달 또는 외부 반출하는 행위는 부정으로 간주되어 **자격기본법 제32조에 의거 본 시험 및 국가공인 자격시험을 2년간 응시할 수 없습니다.**
- 시험 중 부주의 또는 고의로 시스템을 파손한 경우와 〈수험자 유의사항〉에 기재된 방법대로 이행하지 않아 생기는 불이익은 수험자의 책임임을 알려드립니다.
- 시험을 완료한 수험자는 최종적으로 저장한 답안 파일이 전송되었는지 확인한 후 감독위원의 지시에 따라 문제지를 제출하고 퇴실합니다.

답안 작성요령

- 온라인 답안 작성 절차
  수험자 등록 ⇒ 시험 시작 ⇒ 답안 파일 저장 ⇒ 답안 전송 ⇒ 시험 종료
- 내문서₩GTQ₩Image폴더에 있는 그림 원본파일을 사용하여 답안을 작성하시고 최종답안을 답안폴더(내문서₩GTQ)에 저장하여 답안을 전송하시고, 이미지의 크기가 다른 경우 감점 처리됩니다.
- 배점은 총 100점으로 이루어지며, 점수는 각 문제별로 차등 배분됩니다.
- 각 문제는 주어진 〈조건〉에 따라 작성하고, 언급하지 않은 조건은 《출력형태》와 같이 작성합니다.
- 배치 등의 편의를 위해 주어진 눈금자의 단위는 '픽셀'입니다.
  그 외는 출력형태(효과, 이미지, 문자, 색상, 레이아웃, 규격 등)와 같게 작업하십시오.
- 문제 조건에 서체의 지정이 없을 경우 한글은 굴림이나 돋움, 영문은 Arial로 작업하십시오.
  (단, 그 외에 제시되지 않은 문자 속성을 기본값으로 작성하지 않은 경우는 감점 처리됩니다.)
- Image Mode(이미지 모드)는 별도의 처리조건이 없을 경우에는 RGB(8비트)로 작업하십시오.
- 모든 답안파일은 해상도 72 pixels/inch로 작업하십시오.
- Layer(레이어)는 각 기능별로 분할해야 하며, 임의로 합칠 경우나 각 기능에 대한 속성을 해지할 경우 해당 요소는 0점 처리됩니다.

문제 1 [기능평가] Tool(도구) 활용   20점

※ 다음의 《조건》에 따라 아래의 《출력형태》와 같이 작업하시오.

《조건》

원본 이미지	내문서₩GTQ₩Image₩2급-1.jpg		
파일 저장 규칙	JPG	파일명	내문서₩GTQ₩수험번호-성명-1.jpg
		크기	400 × 500 pixels
	PSD	파일명	내문서₩GTQ₩수험번호-성명-1.psd
		크기	40 × 50 pixels

1. 그림 효과
   ① 복제 및 변형 : 단풍잎
   ② Shape Tool(모양 도구) 사용 :
      - 우표 모양 (#ffcc99, #993300,
        레이어 스타일 - Stroke(선/획)(2px, #000000))
      - 물결 모양 (#000000,
        레이어 스타일 - Drop Shadow(그림자 효과))

2. 문자 효과
   ① BOOK MARK (궁서, 60pt,
      레이어 스타일 - 그라디언트 오버레이(#339900, #ffffff),
      Stroke(선/획)(2px, #666666))

《출력형태》

문제 2 [기능평가] 사진편집 기초   20점

※ 다음의 《조건》에 따라 아래의 《출력형태》와 같이 작업하시오.

《조건》

원본 이미지	내문서₩GTQ₩Image₩2급-2.jpg, 2급-3.jpg, 2급-4.jpg		
파일 저장 규칙	JPG	파일명	내문서₩GTQ₩수험번호-성명-2.jpg
		크기	400 × 500 pixels
	PSD	파일명	내문서₩GTQ₩수험번호-성명-2.psd
		크기	40 × 50 pixels

1. 그림 효과
   ① 색상 보정 : 2급-3.jpg - 빨간색 계열로 보정,
      레이어 스타일 - Drop Shadow(그림자 효과)
   ② 액자 제작 :
      필터 - Stained Glass(스테인드 글라스/채색 유리),
      안쪽 테두리 (5px, #ffcccc),
      레이어 스타일 - Drop Shadow(그림자 효과)
   ③ 2급-4.jpg : 레이어 스타일 - Outer Glow(외부 광선)

2. 문자 효과
   ① 책마을로 떠나는 여행 (궁서, 32pt, #ffffff,
      레이어 스타일 - Stroke(선/획)(3px, #993399))

문제 3 [기능평가] 사진편집   25점

※ 다음의 《조건》에 따라 아래의 《출력형태》와 같이 작업하시오.

《조건》

원본 이미지			내문서₩GTQ₩Image₩2급-5.jpg, 2급-6.jpg, 2급-7.jpg, 2급-8.jpg
파일 저장 규칙	JPG	파일명	내문서₩GTQ₩수험번호-성명-3.jpg
		크기	600 × 400 pixels
	PSD	파일명	내문서₩GTQ₩수험번호-성명-3.psd
		크기	60 × 40 pixels

1. 그림 효과

① 배경 : 그라디언트(#3399cc, #ffffff)
② 2급-5.jpg : 필터 - Dry Brush(드라이 브러쉬), 레이어 마스크 - 세로 방향으로 흐릿하게
③ 2급-6.jpg : 레이어 스타일 - Drop Shadow(그림자 효과)
④ 2급-7.jpg : 레이어 스타일 - Bevel and Emboss(경사와 엠보스)
⑤ 2급-8.jpg : 레이어 스타일 - Drop Shadow(그림자 효과)
⑥ 그 외 《출력형태》 참조

2. 문자 효과

① 스마트뷰티 (돋움, 40pt, 레이어 스타일 - 그라디언트 오버레이(#ff9933, #ffff00), Stroke(선/획)(2px, #993399))
② Cosmetic Fair (궁서, 45pt, #ff3366, 레이어 스타일 - Drop Shadow(그림자 효과), Stroke(선/획)(3px, #ffffff))

《출력형태》

Shape Tool(모양 도구) 사용
#ff0000, 레이어 스타일 - Inner Shadow(내부 그림자),
Outer Glow(외부 광선)

Shape Tool(모양 도구) 사용
#ffffff, 레이어 스타일 -
Stroke(선/획)(2px, #ff9900, #339933)

문제 4 [실무응용] 이벤트 페이지 제작 35점

※ 다음의《조건》에 따라 아래의《출력형태》와 같이 작업하시오.

《조건》

원본 이미지			내문서₩GTQ₩Image₩2급-9.jpg, 2급-10.jpg, 2급-11.jpg, 2급-12.jpg, 2급-13.jpg
파일 저장 규칙	JPG	파일명	내문서₩GTQ₩수험번호-성명-4.jpg
		크기	600 × 400 pixels
	PSD	파일명	내문서₩GTQ₩수험번호-성명-4.psd
		크기	60 × 40 pixels

1. 그림 효과
   ① 2급-9.jpg : 필터 - Texturizer(텍스처화)
   ② 2급-10.jpg : 레이어 스타일 - Outer Glow(외부 광선), Inner Shadow(내부 그림자)
   ③ 2급-11.jpg : 레이어 스타일 - Bevel and Emboss(경사와 엠보스)
   ④ 2급-12.jpg : 필터 - Crosshatch(그물눈)
   ⑤ 2급-13.jpg : 레이어 스타일 - Drop Shadow(그림자 효과), Opacity(불투명도)(80%)
   ⑥ 그 외《출력형태》참조

2. 문자 효과
   ① 하나뿐인 지구를 살리자! (돋움, 24pt, #ff0000, 레이어 스타일 - Stroke(선/획)(3px, #ffffff))
   ② Global Issues (Times New Roman, Regular, 24pt, #ffffff,
      레이어 스타일 - Drop Shadow(그림자 효과), Stroke(선/획)(2px, #cc0000))
   ③ 푸른지구 살리기 운동 (궁서, 20pt, #003300, 레이어 스타일 - Outer Glow(외부 광선))

《출력형태》

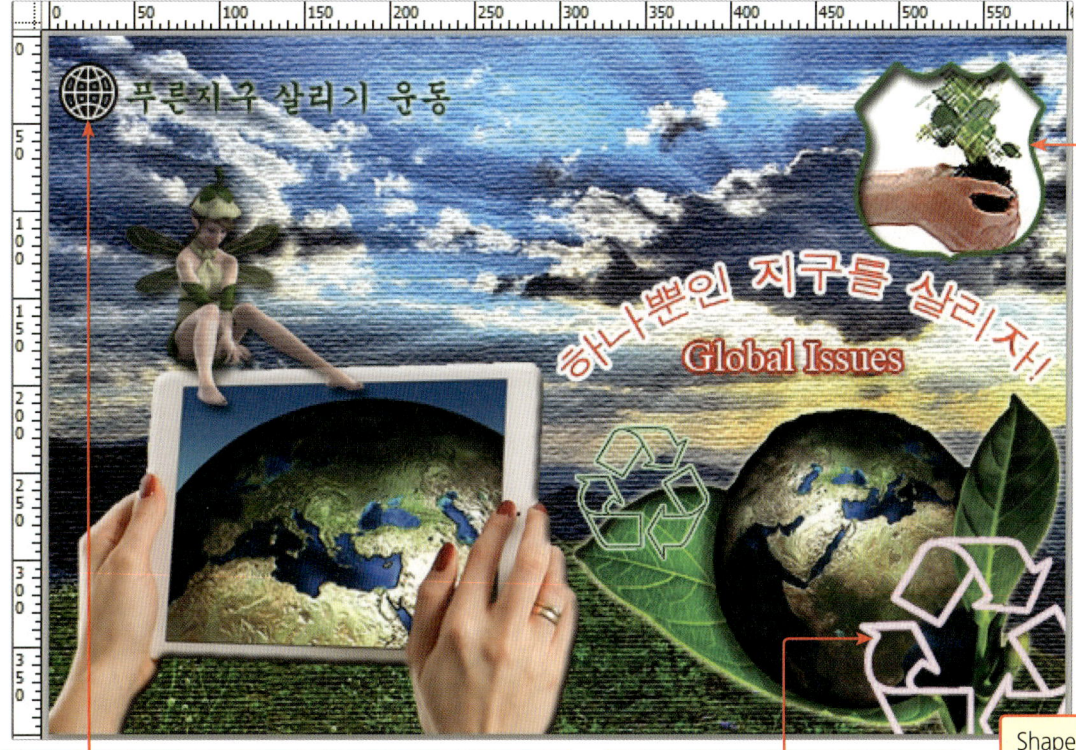

Shape Tool(모양 도구) 사용
#ffffff, 레이어 스타일 - Bevel and Emboss(경사와 엠보스),
Stroke(선/획)(2px, #000000)

Shape Tool(모양 도구) 사용
#ffffff, 레이어 스타일 -
Stroke(선/획)(2px, #ffccff, #ccffcc)

Shape Tool(모양 도구) 사용
레이어 스타일 -
Inner Shadow(내부 그림자),
Stroke(선/획)(3px, #336600)

실전모의고사

제 10 회

GTQ(그래픽기술자격)-(S/W:포토샵)

급수	문제유형	시험시간	수험번호	성 명
2급	E	90분		

수험자 유의사항

- 수험자는 문제지를 받는 즉시 응시하고자 하는 **과목 및 급수가 맞는지 확인**한 후 수험번호와 성명을 작성합니다.
- 파일명은 본인의 "수험번호-성명-문제번호"로 공백 없이 정확히 입력하고 답안폴더(내문서₩GTQ 또는 라이브러리₩문서₩GTQ)에 jpg 파일과 psd 파일의 2가지 포맷으로 저장해야 하며, jpg 파일과 psd 파일의 내용이 상이할 경우 0점 처리됩니다. 답안문서 파일명이 "수험번호-성명-문제번호"와 일치하지 않거나, 답안 파일을 전송하지 않아 미제출로 처리될 경우 불합격 처리됩니다.
- 문제의 세부조건은 '영문(한글)' 형식으로 표기되어 있으니 유의하시기 바랍니다.
- 수험자 정보와 저장한 파일명, 저장 위치가 다를 경우 전송이 되지 않으므로, 주의하시기 바랍니다.
- 답안 작성 중에도 **주기적으로 '저장'과 '답안 전송'**을 이용하여 감독위원 PC로 답안을 전송하셔야 합니다.
  (※ 작업한 내용을 **저장하지 않고 전송할 경우** 이전의 저장내용이 전송되오니 이점 반드시 유념하시기 바랍니다.)
- 답안문서를 지정된 경로 외의 다른 보조기억장치에 저장하는 행위, 지정된 시험 시간 외에 작성된 파일을 활용한 행위, 기타 통신수단(이메일, 메신저, 네트워크 등)을 이용하여 타인에게 전달 또는 외부 반출하는 행위는 부정으로 간주되어 **자격기본법 제32조에 의거 본 시험 및 국가공인 자격시험을 2년간 응시할 수 없습니다.**
- 시험 중 부주의 또는 고의로 시스템을 파손한 경우와 〈수험자 유의사항〉에 기재된 방법대로 이행하지 않아 생기는 불이익은 수험자의 책임임을 알려드립니다.
- 시험을 완료한 수험자는 최종적으로 저장한 답안 파일이 전송되었는지 확인한 후 감독위원의 지시에 따라 문제지를 제출하고 퇴실합니다.

답안 작성요령

- 온라인 답안 작성 절차
  수험자 등록 ⇒ 시험 시작 ⇒ 답안 파일 저장 ⇒ 답안 전송 ⇒ 시험 종료
- 내문서₩GTQ₩Image폴더에 있는 그림 원본파일을 사용하여 답안을 작성하시고 최종답안을 답안폴더(내문서₩GTQ)에 저장하여 답안을 전송하시고, 이미지의 크기가 다른 경우 감점 처리됩니다.
- 배점은 총 100점으로 이루어지며, 점수는 각 문제별로 차등 배분됩니다.
- 각 문제는 주어진 〈조건〉에 따라 작성하고, 언급하지 않은 조건은 《출력형태》와 같이 작성합니다.
- 배치 등의 편의를 위해 주어진 눈금자의 단위는 '픽셀'입니다.
  그 외는 출력형태(효과, 이미지, 문자, 색상, 레이아웃, 규격 등)와 같게 작업하십시오.
- 문제 조건에 서체의 지정이 없을 경우 한글은 굴림이나 돋움, 영문은 Arial로 작업하십시오.
  (단, 그 외에 제시되지 않은 문자 속성을 기본값으로 작성하지 않은 경우는 감점 처리됩니다.)
- Image Mode(이미지 모드)는 별도의 처리조건이 없을 경우에는 RGB(8비트)로 작업하십시오.
- 모든 답안파일은 해상도 72 pixels/inch로 작업하십시오.
- Layer(레이어)는 각 기능별로 분할해야 하며, 임의로 합칠 경우나 각 기능에 대한 속성을 해지할 경우 해당 요소는 0점 처리됩니다.

문제 1 [기능평가] Tool(도구) 활용   20점

※ 다음의 《조건》에 따라 아래의 《출력형태》와 같이 작업하시오.

《조건》			
원본 이미지	내문서₩GTQ₩Image₩2급-1.jpg		
파일 저장 규칙	JPG	파일명	내문서₩GTQ₩수험번호-성명-1.jpg
		크기	400 × 500 pixels
	PSD	파일명	내문서₩GTQ₩수험번호-성명-1.psd
		크기	40 × 50 pixels

《출력형태》

1. 그림 효과
   ① 복제 및 변형 : 꽃
   ② Shape Tool(모양 도구) 사용 :
   - 장식 모양 (#ff3399, #0033ff,
     레이어 스타일 - Inner Glow(내부 광선))
   - 꽃 모양 (#669999, 레이어 스타일 - Outer Glow(외부 광선))

2. 문자 효과
   ① 우리 자연 (돋움, 56pt, 레이어 스타일 -
   그라디언트 오버레이(#ff9999, #99ff66),
   Stroke(선/획)(2px, #003333))

문제 2 [기능평가] 사진편집 기초   20점

※ 다음의 《조건》에 따라 아래의 《출력형태》와 같이 작업하시오.

《조건》			
원본 이미지	내문서₩GTQ₩Image₩2급-2.jpg, 2급-3.jpg, 2급-4.jpg		
파일 저장 규칙	JPG	파일명	내문서₩GTQ₩수험번호-성명-2.jpg
		크기	400 × 500 pixels
	PSD	파일명	내문서₩GTQ₩수험번호-성명-2.psd
		크기	40 × 50 pixels

《출력형태》

1. 그림 효과
   ① 색상 보정 : 2급-3.jpg - 보라색 계열로 보정,
   레이어 스타일 - Outer Glow(외부 광선)
   ② 액자 제작 :
   필터 - Stained Glass(스테인드 글라스/채색 유리),
   안쪽 테두리 (5px, #ff9900),
   레이어 스타일 - Drop Shadow(그림자 효과)
   ③ 2급-4.jpg : 레이어 스타일 - Outer Glow(외부 광선)

2. 문자 효과
   ① STOP SMOG (Times New Roman, Regular, 48pt,
   #ffffff, 레이어 스타일 - Stroke(선/획)(3px, #999999))

문제 3 [기능평가] 사진편집 25점

※ 다음의 《조건》에 따라 아래의 《출력형태》와 같이 작업하시오.

《조건》

원본 이미지			내문서₩GTQ₩Image₩2급-5.jpg, 2급-6.jpg, 2급-7.jpg, 2급-8.jpg
파일 저장 규칙	JPG	파일명	내문서₩GTQ₩수험번호-성명-3.jpg
		크기	600 × 400 pixels
	PSD	파일명	내문서₩GTQ₩수험번호-성명-3.psd
		크기	60 × 40 pixels

1. 그림 효과
① 배경 : #999999
② 2급-5.jpg : 필터 - Add Noise(노이즈 추가), 레이어 마스크 - 세로 방향으로 흐릿하게
③ 2급-6.jpg : 레이어 스타일 - Inner Glow(내부 광선)
④ 2급-7.jpg : 레이어 스타일 - Outer Glow(외부 광선), Bevel and Emboss(경사와 엠보스)
⑤ 2급-8.jpg : 레이어 스타일 - Drop Shadow(그림자 효과)
⑥ 그 외 《출력형태》 참조

2. 문자 효과
① Environmental Pollution (Times New Roman, Regular, 55pt, #ffffff, 레이어 스타일 - Drop Shadow(그림자 효과))
② 미세먼지 저감운동 (돋움, 14pt, 레이어 스타일 - 그라디언트 오버레이(#33ff99, #ff9966), Stroke(선/획)(2px, #333366))

《출력형태》

Shape Tool(모양 도구) 사용
#666666, 레이어 스타일 - Bevel and Emboss(경사와 엠보스),
Inner Shadow(내부 그림자)

Shape Tool(모양 도구) 사용
#ffffcc, 레이어 스타일 -
Outer Glow(외부 광선)

문제 4 [실무응용] 이벤트 페이지 제작   35점

※ 다음의 《조건》에 따라 아래의 《출력형태》와 같이 작업하시오.

《조건》

원본 이미지			내문서₩GTQ₩Image₩2급-9.jpg, 2급-10.jpg, 2급-11.jpg, 2급-12.jpg, 2급-13.jpg
파일 저장 규칙	JPG	파일명	내문서₩GTQ₩수험번호-성명-4.jpg
		크기	600 × 400 pixels
	PSD	파일명	내문서₩GTQ₩수험번호-성명-4.psd
		크기	60 × 40 pixels

1. 그림 효과

① 2급-9.jpg : 필터 - Dry Brush(드라이 브러쉬)
② 2급-10.jpg : 필터 - Facet(단면화), 레이어 마스크 - 세로 방향으로 흐릿하게
③ 2급-11.jpg : Opacity(불투명도)(60%)
④ 2급-12.jpg : 레이어 스타일 - Drop Shadow(그림자 효과), Bevel and Emboss(경사와 엠보스)
⑤ 2급-13.jpg : 레이어 스타일 - Outer Glow(외부 광선)
⑥ 그 외《출력형태》참조

2. 문자 효과

① 지구 살리기 운동 본부 (돋움, 36pt, 레이어 스타일 - 그라디언트 오버레이(스펙트럼), Stroke(선/획)(3px, #ffffff))
② 깨끗한 지구촌 (궁서, 35pt, #00ff00, 레이어 스타일 - Stroke(선/획)(2px, #336633), Drop Shadow(그림자 효과))
③ Clean Water (Times New Roman, Bold, 48pt, #ffffff, 레이어 스타일 - Drop Shadow(그림자 효과))

《출력형태》

Shape Tool(모양 도구) 사용 #00ccff, 레이어 스타일 - Inner Glow(내부 광선), Drop Shadow(그림자 효과)

Shape Tool(모양 도구) 사용 #000000, 레이어 스타일 - Drop Shadow(그림자 효과)

Shape Tool(모양 도구) 사용 #cc33ff, 레이어 스타일 - Bevel and Emboss (경사와 엠보스), Stroke(선/획)(1px, #ffffff)

PART 03

최신기출문제

Graphic Technology Qualification

CHAPTER 01
최신기출문제

제01회 최신기출문제
제02회 최신기출문제
제03회 최신기출문제
제04회 최신기출문제
제05회 최신기출문제

최신기출문제

제 01 회

GTQ(그래픽기술자격)-(S/W:포토샵)

급수	문제유형	시험시간	수험번호	성명
2급	A	90분		

수험자 유의사항

- 수험자는 문제지를 받는 즉시 응시하고자 하는 **과목 및 급수가 맞는지 확인**한 후 수험번호와 성명을 작성합니다.
- 파일명은 본인의 "수험번호-성명-문제번호"로 공백 없이 정확히 입력하고 답안폴더(내문서\GTQ 또는 라이브러리\문서\GTQ)에 jpg 파일과 psd 파일의 2가지 포맷으로 저장해야 하며, jpg 파일과 psd 파일의 내용이 상이할 경우 0점 처리됩니다. 답안문서 파일명이 "수험번호-성명-문제번호"와 일치하지 않거나, 답안 파일을 전송하지 않아 미제출로 처리될 경우 불합격 처리됩니다.
- 문제의 세부조건은 '영문(한글)' 형식으로 표기되어 있으니 유의하시기 바랍니다.
- 수험자 정보와 저장한 파일명, 저장 위치가 다를 경우 전송이 되지 않으므로, 주의하시기 바랍니다.
- 답안 작성 중에도 **주기적으로 '저장'과 '답안 전송'**을 이용하여 감독위원 PC로 답안을 전송하셔야 합니다.
(※ 작업한 내용을 저장하지 않고 전송할 경우 이전의 저장내용이 전송되오니 이점 반드시 유념하시기 바랍니다.)
- 답안문서를 지정된 경로 외의 다른 보조기억장치에 저장하는 행위, 지정된 시험 시간 외에 작성된 파일을 활용한 행위, 기타 통신수단(이메일, 메신저, 네트워크 등)을 이용하여 타인에게 전달 또는 외부 반출하는 행위는 부정으로 간주되어 **자격기본법 제32조에 의거 본 시험 및 국가공인 자격시험을 2년간 응시할 수 없습니다.**
- 시험 중 부주의 또는 고의로 시스템을 파손한 경우와 〈수험자 유의사항〉에 기재된 방법대로 이행하지 않아 생기는 불이익은 수험자의 책임임을 알려드립니다.
- 시험을 완료한 수험자는 최종적으로 저장한 답안 파일이 전송되었는지 확인한 후 감독위원의 지시에 따라 문제지를 제출하고 퇴실합니다.

답안 작성요령

- 온라인 답안 작성 절차
수험자 등록 ⇒ 시험 시작 ⇒ 답안 파일 저장 ⇒ 답안 전송 ⇒ 시험 종료
- 내문서\GTQ\Image폴더에 있는 그림 원본파일을 사용하여 답안을 작성하시고 최종답안을 답안폴더(내문서\GTQ)에 저장하여 답안을 전송하시고, 이미지의 크기가 다른 경우 감점 처리됩니다.
- 배점은 총 100점으로 이루어지며, 점수는 각 문제별로 차등 배분됩니다.
- 각 문제는 주어진 〈조건〉에 따라 작성하고, 언급하지 않은 조건은 《출력형태》와 같이 작성합니다.
- 배치 등의 편의를 위해 주어진 눈금자의 단위는 '픽셀'입니다.
그 외는 출력형태(효과, 이미지, 문자, 색상, 레이아웃, 규격 등)와 같게 작업하십시오.
- 문제 조건에 서체의 지정이 없을 경우 한글은 굴림이나 돋움, 영문은 Arial로 작업하십시오.
(단, 그 외에 제시되지 않은 문자 속성을 기본값으로 작성하지 않은 경우는 감점 처리됩니다.)
- Image Mode(이미지 모드)는 별도의 처리조건이 없을 경우에는 RGB(8비트)로 작업하십시오.
- 모든 답안파일은 해상도 72 pixels/inch로 작업하십시오.
- Layer(레이어)는 각 기능별로 분할해야 하며, 임의로 합칠 경우나 각 기능에 대한 속성을 해지할 경우 해당 요소는 0점 처리됩니다.

SMART KPC
한국생산성본부

문제 1 [기능평가] Tool(도구) 활용 20점

※ 다음의 《조건》에 따라 아래의 《출력형태》와 같이 작업하시오.

《조건》

원본 이미지	내문서₩GTQ₩Image₩2급-1.jpg		
파일 저장 규칙	JPG	파일명	내문서₩GTQ₩수험번호-성명-1.jpg
		크기	400 × 500 pixels
	PSD	파일명	내문서₩GTQ₩수험번호-성명-1.psd
		크기	40 × 50 pixels

1. 그림 효과
① 복제 및 변형 : 곰 인형
② Shape Tool(모양 도구) 사용 :
  - 풀 모양 (#003300,
    레이어 스타일 - Stroke(선/획)(2px, #cccc33))
  - 왕관 모양 (#cc3300, #ff9900,
    레이어 스타일 - Outer Glow(외부 광선))

2. 문자 효과
① I Love Bear (Arial, Bold, 48pt,
  레이어 스타일 - 그라디언트 오버레이(#ff0000, #ffffcc))

《출력형태》

문제 2 [기능평가] 사진편집 기초 20점

※ 다음의 《조건》에 따라 아래의 《출력형태》와 같이 작업하시오.

《조건》

원본 이미지	내문서₩GTQ₩Image₩2급-2.jpg, 2급-3.jpg, 2급-4.jpg		
파일 저장 규칙	JPG	파일명	내문서₩GTQ₩수험번호-성명-2.jpg
		크기	400 × 500 pixels
	PSD	파일명	내문서₩GTQ₩수험번호-성명-2.psd
		크기	40 × 50 pixels

1. 그림 효과
① 색상 보정 : 2급-3.jpg - 파란색 계열로 보정,
  레이어 스타일 - Outer Glow(외부 광선)
② 액자 제작 :
  필터 - Stained Glass(스테인드 글라스/채색 유리),
  안쪽 테두리 (5px, #ff9933),
  레이어 스타일 - Drop Shadow(그림자 효과)
③ 2급-4.jpg : 레이어 스타일 - Drop Shadow(그림자 효과)

2. 문자 효과
① 전통사랑 나라사랑 (궁서, 40pt,
  레이어 스타일 - 그라디언트 오버레이(#ff0066, #66ff99),
  Stroke(선/획)(3px, #ffffff))

《출력형태》

문제 3 [기능평가] 사진편집 25점

※ 다음의 《조건》에 따라 아래의 《출력형태》와 같이 작업하시오.

《조건》

원본 이미지		내문서₩GTQ₩Image₩2급-5.jpg, 2급-6.jpg, 2급-7.jpg, 2급-8.jpg
파일 저장 규칙	JPG	파일명	내문서₩GTQ₩수험번호-성명-3.jpg
		크기	600 × 400 pixels
	PSD	파일명	내문서₩GTQ₩수험번호-성명-3.psd
		크기	60 × 40 pixels

1. 그림 효과

① 배경 : #99cc66
② 2급-5.jpg : 필터 - Film Grain(필름 그레인), 레이어 마스크 - 대각선 방향으로 흐릿하게
③ 2급-6.jpg : 레이어 스타일 - Drop Shadow(그림자 효과)
④ 2급-7.jpg : 레이어 스타일 - Outer Glow(외부 광선)
⑤ 2급-8.jpg : 레이어 스타일 - Bevel and Emboss(경사와 엠보스)
⑥ 그 외 《출력형태》 참조

2. 문자 효과

① Letter to mom (Arial, Bold Italic, 48pt, 레이어 스타일 - 그라디언트 오버레이(#99ff00, #003300), Drop Shadow(그림자 효과))
② 엄마와 함께하는 소풍 (굴림, 22pt, #cc3300, 레이어 스타일 - Stroke(선/획)(3px, #ffffff))

《출력형태》

Shape Tool(모양 도구) 사용
#ffffff, 레이어 스타일 - Stroke(선/획)(1px, #000000)

Shape Tool(모양 도구) 사용
#ffffff, 레이어 스타일 - Drop Shadow(그림자 효과), Opacity(불투명도)(60%)

문제 4 [실무응용] 이벤트 페이지 제작   35점

※ 다음의 《조건》에 따라 아래의 《출력형태》와 같이 작업하시오.

《조건》

원본 이미지			내문서₩GTQ₩Image₩2급-9.jpg, 2급-10.jpg, 2급-11.jpg, 2급-12.jpg, 2급-13.jpg
파일 저장 규칙	JPG	파일명	내문서₩GTQ₩수험번호-성명-4.jpg
		크기	600 × 400 pixels
	PSD	파일명	내문서₩GTQ₩수험번호-성명-4.psd
		크기	60 × 40 pixels

1. 그림 효과

① 2급-9.jpg : 필터 - Dry Brush(드라이 브러쉬)
② 2급-10.jpg : 레이어 마스크 - 대각선 방향으로 흐릿하게, Opacity(불투명도)(70%)
③ 2급-11.jpg : 레이어 스타일 - Outer Glow(외부 광선)
④ 2급-12.jpg : Opacity(불투명도)(80%)
⑤ 2급-13.jpg : 레이어 스타일 - Drop Shadow(그림자 효과)
⑥ 그 외 《출력형태》 참조

2. 문자 효과

① Sweet of Strawberry (Times New Roman, Regular, 25pt, #ffffff, 레이어 스타일 - Outer Glow(외부 광선))
② 딸기랑 달콤세상 (돋움, 60pt, 레이어 스타일 - 그라디언트 오버레이(#ff9900, #ff0000), Stroke(선/획)(1px, #ffffff))
③ 행복한 봄에 만나요! (돋움, 24pt, #ffffff, 레이어 스타일 - Stroke(선/획)(2px, #ff6600))

《출력형태》

Shape Tool(모양 도구) 사용
#ffffff, 레이어 스타일 - Outer Glow(외부 광선)

Shape Tool(모양 도구) 사용
#ffff00, 레이어 스타일 - Stroke(선/획)(10px, #ff3300)

Shape Tool(모양 도구) 사용
#ff9999, 레이어 스타일 - Inner Glow(내부 광선), Opacity(불투명도)(70%)

최신기출문제
제 02 회
GTQ(그래픽기술자격)-(S/W:포토샵)

급수	문제유형	시험시간	수험번호	성명
2급	B	90분		

수험자 유의사항

- 수험자는 문제지를 받는 즉시 응시하고자 하는 **과목 및 급수가 맞는지 확인**한 후 수험번호와 성명을 작성합니다.
- 파일명은 본인의 "수험번호-성명-문제번호"로 공백 없이 정확히 입력하고 답안폴더(내문서₩GTQ 또는 라이브러리₩문서₩GTQ)에 jpg 파일과 psd 파일의 2가지 포맷으로 저장해야 하며, jpg 파일과 psd 파일의 내용이 상이할 경우 0점 처리됩니다. 답안문서 파일명이 "수험번호-성명-문제번호"와 일치하지 않거나, 답안 파일을 전송하지 않아 미제출로 처리될 경우 불합격 처리됩니다.
- 문제의 세부조건은 '영문(한글)' 형식으로 표기되어 있으니 유의하시기 바랍니다.
- 수험자 정보와 저장한 파일명, 저장 위치가 다를 경우 전송이 되지 않으므로, 주의하시기 바랍니다.
- 답안 작성 중에도 **주기적으로 '저장'과 '답안 전송'**을 이용하여 감독위원 PC로 답안을 전송하셔야 합니다.
  (※ 작업한 내용을 <u>저장하지 않고 전송할 경우</u> 이전의 저장내용이 전송되오니 이점 반드시 유념하시기 바랍니다.)
- 답안문서를 지정된 경로 외의 다른 보조기억장치에 저장하는 행위, 지정된 시험 시간 외에 작성된 파일을 활용한 행위, 기타 통신수단(이메일, 메신저, 네트워크 등)을 이용하여 타인에게 전달 또는 외부 반출하는 행위는 부정으로 간주되어 **자격기본법 제32조에 의거 본 시험 및 국가공인 자격시험을 2년간 응시할 수 없습니다.**
- 시험 중 부주의 또는 고의로 시스템을 파손한 경우와 〈수험자 유의사항〉에 기재된 방법대로 이행하지 않아 생기는 불이익은 수험자의 책임임을 알려드립니다.
- 시험을 완료한 수험자는 최종적으로 저장한 답안 파일이 전송되었는지 확인한 후 감독위원의 지시에 따라 문제지를 제출하고 퇴실합니다.

답안 작성요령

- 온라인 답안 작성 절차
  수험자 등록 ⇒ 시험 시작 ⇒ 답안 파일 저장 ⇒ 답안 전송 ⇒ 시험 종료
- 내문서₩GTQ₩Image폴더에 있는 그림 원본파일을 사용하여 답안을 작성하시고 최종답안을 답안폴더(내문서₩GTQ)에 저장하여 답안을 전송하시고, 이미지의 크기가 다른 경우 감점 처리됩니다.
- 배점은 총 100점으로 이루어지며, 점수는 각 문제별로 차등 배분됩니다.
- 각 문제는 주어진 〈조건〉에 따라 작성하고, 언급하지 않은 조건은 《출력형태》와 같이 작성합니다.
- 배치 등의 편의를 위해 주어진 눈금자의 단위는 '픽셀'입니다.
  그 외는 출력형태(효과, 이미지, 문자, 색상, 레이아웃, 규격 등)와 같게 작업하십시오.
- 문제 조건에 서체의 지정이 없을 경우 한글은 굴림이나 돋움, 영문은 Arial로 작업하십시오.
  (단, 그 외에 제시되지 않은 문자 속성을 기본값으로 작성하지 않은 경우는 감점 처리됩니다.)
- Image Mode(이미지 모드)는 별도의 처리조건이 없을 경우에는 RGB(8비트)로 작업하십시오.
- 모든 답안파일은 해상도 72 pixels/inch로 작업하십시오.
- Layer(레이어)는 각 기능별로 분할해야 하며, 임의로 합칠 경우나 각 기능에 대한 속성을 해지할 경우 해당 요소는 0점 처리됩니다.

문제 1 [기능평가] Tool(도구) 활용 20점

※ 다음의 《조건》에 따라 아래의 《출력형태》와 같이 작업하시오.

《조건》			
원본 이미지	내문서₩GTQ₩Image₩2급-1.jpg		
파일 저장 규칙	JPG	파일명	내문서₩GTQ₩수험번호-성명-1.jpg
		크기	400 × 500 pixels
	PSD	파일명	내문서₩GTQ₩수험번호-성명-1.psd
		크기	40 × 50 pixels

1. 그림 효과
  ① 복제 및 변형 : 조각상
  ② Shape Tool(모양 도구) 사용 :
   - 음표 모양 (#cccccc, 레이어 스타일 - Drop Shadow(그림자 효과))
   - 동심원 모양 (#669966,
     레이어 스타일 - Inner Shadow(내부 그림자))

2. 문자 효과
  ① 생각하는 사람 (돋움, 40pt, 레이어 스타일 -
     그라디언트 오버레이(#333333, #00ff00),
     Stroke(선/획)(2px, #ffffff))

《출력형태》

문제 2 [기능평가] 사진편집 기초 20점

※ 다음의 《조건》에 따라 아래의 《출력형태》와 같이 작업하시오.

《조건》			
원본 이미지	내문서₩GTQ₩Image₩2급-2.jpg, 2급-3.jpg, 2급-4.jpg		
파일 저장 규칙	JPG	파일명	내문서₩GTQ₩수험번호-성명-2.jpg
		크기	400 × 500 pixels
	PSD	파일명	내문서₩GTQ₩수험번호-성명-2.psd
		크기	40 × 50 pixels

1. 그림 효과
  ① 색상 보정 : 2급-3.jpg - 녹색 계열로 보정,
     레이어 스타일 - Outer Glow(외부 광선)
  ② 액자 제작 :
     필터 - Stained Glass(스테인드 글라스/채색 유리),
     안쪽 테두리 (5px, #ffcc33),
     레이어 스타일 - Inner Glow(내부 광선)
  ③ 2급-4.jpg : 레이어 스타일 - Bevel and Emboss(경사와 엠보스)

2. 문자 효과
  ① Good Idea~ (Arial, Bold, 40pt, #ffff66,
     레이어 스타일 - Stroke(선/획)(3px, #666666))

《출력형태》

문제 3 [기능평가] 사진편집 25점

※ 다음의 《조건》에 따라 아래의 《출력형태》와 같이 작업하시오.

《조건》			
원본 이미지	내문서₩GTQ₩Image₩2급-5.jpg, 2급-6.jpg, 2급-7.jpg, 2급-8.jpg		
파일 저장 규칙	JPG	파일명	내문서₩GTQ₩수험번호-성명-3.jpg
		크기	600 × 400 pixels
	PSD	파일명	내문서₩GTQ₩수험번호-성명-3.psd
		크기	60 × 40 pixels

1. 그림 효과

① 배경 : #cccc66
② 2급-5.jpg : 필터 - Crosshatch(그물눈), 레이어 마스크 - 가로 방향으로 흐릿하게
③ 2급-6.jpg : 레이어 스타일 - Drop Shadow(그림자 효과)
④ 2급-7.jpg : 레이어 스타일 - Bevel and Emboss(경사와 엠보스)
⑤ 2급-8.jpg : 레이어 스타일 - Drop Shadow(그림자 효과)
⑥ 그 외 《출력형태》 참조

2. 문자 효과

① 행복한 꿈속으로 (바탕, 20pt, #000000, 레이어 스타일 - Outer Glow(외부 광선), Stroke(선/획)(2px, #ffffff))
② I'm dreaming~ (Times New Roman, Bold, 40pt,
　레이어 스타일 - 그라디언트 오버레이(#000099, #ff33cc), Stroke(선/획)(3px, #ffffff))

《출력형태》

Shape Tool(모양 도구) 사용
레이어 스타일 - Drop Shadow(그림자 효과),
그라디언트 오버레이(#660000, #ffcc33)

Shape Tool(모양 도구) 사용
#ffffcc, 레이어 스타일 -
Drop Shadow(그림자 효과)

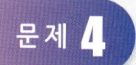

문제 4 [실무응용] 이벤트 페이지 제작 35점

※ 다음의 《조건》에 따라 아래의 《출력형태》와 같이 작업하시오.

《조건》

원본 이미지	내문서₩GTQ₩Image₩2급-9.jpg, 2급-10.jpg, 2급-11.jpg, 2급-12.jpg, 2급-13.jpg		
파일 저장 규칙	JPG	파일명	내문서₩GTQ₩수험번호-성명-4.jpg
		크기	600 × 400 pixels
	PSD	파일명	내문서₩GTQ₩수험번호-성명-4.psd
		크기	60 × 40 pixels

1. 그림 효과

① 2급-9.jpg : 필터 - Paint Daubs(페인트 덥스/페인트 바르기)
② 2급-10.jpg : 레이어 마스크 - 세로 방향으로 흐릿하게
③ 2급-11.jpg : 레이어 스타일 - Outer Glow(외부 광선), Inner Shadow(내부 그림자)
④ 2급-12.jpg : 레이어 스타일 - Outer Glow(외부 광선), Opacity(불투명도)(80%)
⑤ 2급-13.jpg : 레이어 스타일 - Drop Shadow(그림자 효과)
⑥ 그 외 《출력형태》 참조

2. 문자 효과

① 독서 마라톤 (돋움, 40pt, 레이어 스타일 - 그라디언트 오버레이(#336600, #ff0000), Drop Shadow(그림자 효과), Stroke(선/획)(2px, #ffffff))
② read-a-thon (Times New Roman, Bold, 35pt, #336633, 레이어 스타일 - Bevel and Emboss(경사와 엠보스), Stroke(선/획)(2px, #ffffff))
③ 지금 신청하세요. (궁서, 20pt, #ffffff, 레이어 스타일 - Stroke(선/획)(2px, #666666), Drop Shadow(그림자 효과))

《출력형태》

Shape Tool(모양 도구) 사용
#00cc66, 레이어 스타일 -
Inner Shadow(내부 그림자)

Shape Tool(모양 도구) 사용
#cc9999, 레이어 스타일 - Bevel and Emboss(경사와 엠보스),
Stroke(선/획)(1px, #000000)

Shape Tool(모양 도구) 사용
#cc6600, 레이어 스타일 -
Inner Glow(내부 광선)

최신기출문제
제 03 회
GTQ(그래픽기술자격)-(S/W:포토샵)

급수	문제유형	시험시간	수험번호	성명
2급	C	90분		

수험자 유의사항

- 수험자는 문제지를 받는 즉시 응시하고자 하는 **과목 및 급수가 맞는지 확인**한 후 수험번호와 성명을 작성합니다.
- 파일명은 본인의 "수험번호-성명-문제번호"로 공백 없이 정확히 입력하고 답안폴더(내문서\GTQ 또는 라이브러리\문서\GTQ)에 jpg 파일과 psd 파일의 2가지 포맷으로 저장해야 하며, jpg 파일과 psd 파일의 내용이 상이할 경우 0점 처리됩니다. 답안문서 파일명이 "수험번호-성명-문제번호"와 일치하지 않거나, 답안 파일을 전송하지 않아 미제출로 처리될 경우 불합격 처리됩니다.
- 문제의 세부조건은 '영문(한글)' 형식으로 표기되어 있으니 유의하시기 바랍니다.
- 수험자 정보와 저장한 파일명, 저장 위치가 다를 경우 전송이 되지 않으므로, 주의하시기 바랍니다.
- 답안 작성 중에도 **주기적으로 '저장'과 '답안 전송'**을 이용하여 감독위원 PC로 답안을 전송하셔야 합니다.
  (※ 작업한 내용을 저장하지 않고 전송할 경우 이전의 저장내용이 전송되오니 이점 반드시 유념하시기 바랍니다.)
- 답안문서를 지정된 경로 외의 다른 보조기억장치에 저장하는 행위, 지정된 시험 시간 외에 작성된 파일을 활용한 행위, 기타 통신수단(이메일, 메신저, 네트워크 등)을 이용하여 타인에게 전달 또는 외부 반출하는 행위는 부정으로 간주되어 **자격기본법 제32조에 의거 본 시험 및 국가공인 자격시험을 2년간 응시할 수 없습니다.**
- 시험 중 부주의 또는 고의로 시스템을 파손한 경우와 〈수험자 유의사항〉에 기재된 방법대로 이행하지 않아 생기는 불이익은 수험자의 책임임을 알려드립니다.
- 시험을 완료한 수험자는 최종적으로 저장한 답안 파일이 전송되었는지 확인한 후 감독위원의 지시에 따라 문제지를 제출하고 퇴실합니다.

답안 작성요령

- 온라인 답안 작성 절차
  수험자 등록 ⇒ 시험 시작 ⇒ 답안 파일 저장 ⇒ 답안 전송 ⇒ 시험 종료
- 내문서\GTQ\Image폴더에 있는 그림 원본파일을 사용하여 답안을 작성하시고 최종답안을 답안폴더(내문서\GTQ)에 저장하여 답안을 전송하시고, 이미지의 크기가 다른 경우 감점 처리됩니다.
- 배점은 총 100점으로 이루어지며, 점수는 각 문제별로 차등 배분됩니다.
- 각 문제는 주어진 〈조건〉에 따라 작성하고, 언급하지 않은 조건은 《출력형태》와 같이 작성합니다.
- 배치 등의 편의를 위해 주어진 눈금자의 단위는 '픽셀'입니다.
  그 외는 출력형태(효과, 이미지, 문자, 색상, 레이아웃, 규격 등)와 같게 작업하십시오.
- 문제 조건에 서체의 지정이 없을 경우 한글은 굴림이나 돋움, 영문은 Arial로 작업하십시오.
  (단, 그 외에 제시되지 않은 문자 속성을 기본값으로 작성하지 않은 경우는 감점 처리됩니다.)
- Image Mode(이미지 모드)는 별도의 처리조건이 없을 경우에는 RGB(8비트)로 작업하십시오.
- 모든 답안파일은 해상도 72 pixels/inch로 작업하십시오.
- Layer(레이어)는 각 기능별로 분할해야 하며, 임의로 합칠 경우나 각 기능에 대한 속성을 해지할 경우 해당 요소는 0점 처리됩니다.

문제 1 [기능평가] Tool(도구) 활용   20점

※ 다음의 《조건》에 따라 아래의 《출력형태》와 같이 작업하시오.

《조건》

원본 이미지	내문서₩GTQ₩Image₩2급-1.jpg		
파일 저장 규칙	JPG	파일명	내문서₩GTQ₩수험번호-성명-1.jpg
		크기	400 × 500 pixels
	PSD	파일명	내문서₩GTQ₩수험번호-성명-1.psd
		크기	40 × 50 pixels

1. 그림 효과
 ① 복제 및 변형 : 보트
 ② Shape Tool(모양 도구) 사용 :
  - 파도 모양 (#003366, #99cccc,
    레이어 스타일 - Outer Glow(외부 광선))
  - 잎 모양 (#99cccc, 레이어 스타일 - Drop Shadow(그림자 효과))

2. 문자 효과
 ① Venezia (Arial, Bold, 55pt, 레이어 스타일 -
   그라디언트 오버레이(#99ffff, #cccccc),
   Stroke(선/획)(2px, #339999))

《출력형태》

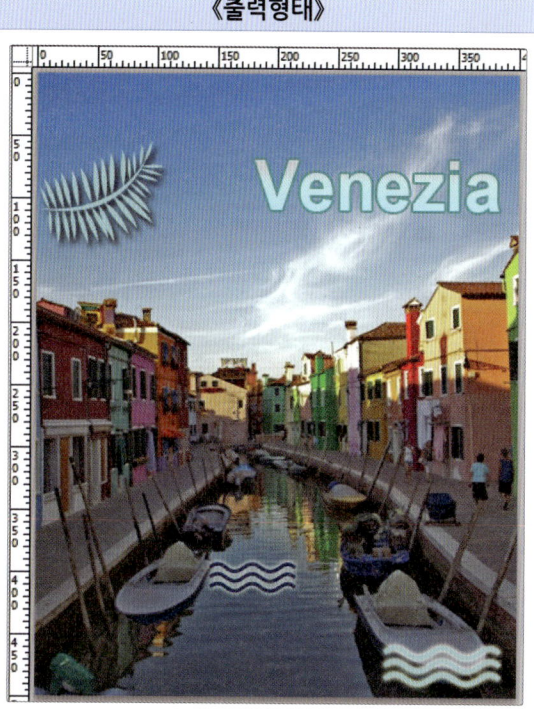

문제 2 [기능평가] 사진편집 기초   20점

※ 다음의 《조건》에 따라 아래의 《출력형태》와 같이 작업하시오.

《조건》

원본 이미지	내문서₩GTQ₩Image₩2급-2.jpg, 2급-3.jpg, 2급-4.jpg		
파일 저장 규칙	JPG	파일명	내문서₩GTQ₩수험번호-성명-2.jpg
		크기	400 × 500 pixels
	PSD	파일명	내문서₩GTQ₩수험번호-성명-2.psd
		크기	40 × 50 pixels

1. 그림 효과
 ① 색상 보정 : 2급-3.jpg - 빨간색 계열로 보정,
   레이어 스타일 - Outer Glow(외부 광선)
 ② 액자 제작 :
   필터 - Film Grain(필름 그레인), 안쪽 테두리 (5px, #666666),
   레이어 스타일 - Drop Shadow(그림자 효과)
 ③ 2급-4.jpg : 레이어 스타일 - Outer Glow(외부 광선)

2. 문자 효과
 ① 낭만 가득한 여행 (굴림, 32pt, #ffffff,
   레이어 스타일 - Drop Shadow(그림자 효과))

《출력형태》

문제 3 [기능평가] 사진편집   25점

※ 다음의 《조건》에 따라 아래의 《출력형태》와 같이 작업하시오.

《조건》

원본 이미지			내문서₩GTQ₩Image₩2급-5.jpg, 2급-6.jpg, 2급-7.jpg, 2급-8.jpg
파일 저장 규칙	JPG	파일명	내문서₩GTQ₩수험번호-성명-3.jpg
		크기	600 × 400 pixels
	PSD	파일명	내문서₩GTQ₩수험번호-성명-3.psd
		크기	60 × 40 pixels

1. 그림 효과
   ① 배경 : #ff9999
   ② 2급-5.jpg : 필터 - Facet(단면화), Opacity(불투명도)(70%), 레이어 마스크 - 대각선 방향으로 흐릿하게
   ③ 2급-6.jpg : Blending Mode(혼합 모드) - Multiply(곱하기)
   ④ 2급-7.jpg : 레이어 스타일 - Outer Glow(외부 광선), Opacity(불투명도)(70%)
   ⑤ 2급-8.jpg : 레이어 스타일 - Outer Glow(외부 광선)
   ⑥ 그 외 《출력형태》 참조

2. 문자 효과
   ① 베니스 가면 축제 (굴림, 25pt, #000000, 레이어 스타일 - Stroke(선/획)(3px, #ffff99))
   ② Carnival of Venice (Arial, Bold, 50pt, 레이어 스타일 - 그라디언트 오버레이(#0000cc, #ff0000, #ffff00), Stroke(선/획)(3px, #ffffff))

《출력형태》

Shape Tool(모양 도구) 사용
#ffff00, Opacity(불투명도)(70%),
레이어 스타일 - Drop Shadow(그림자 효과)

Shape Tool(모양 도구) 사용
레이어 스타일 - 그라디언트 오버레이(#003366, #ffffff),
Drop Shadow(그림자 효과)

문제 4 [실무응용] 이벤트 페이지 제작   35점

※ 다음의 《조건》에 따라 아래의 《출력형태》와 같이 작업하시오.

《조건》

원본 이미지	내문서\GTQ\Image\2급-9.jpg, 2급-10.jpg, 2급-11.jpg, 2급-12.jpg, 2급-13.jpg		
파일 저장 규칙	JPG	파일명	내문서\GTQ\수험번호-성명-4.jpg
		크기	600 × 400 pixels
	PSD	파일명	내문서\GTQ\수험번호-성명-4.psd
		크기	60 × 40 pixels

1. 그림 효과

① 2급-9.jpg : 필터 - Rough Pastels(거친 파스텔 효과)
② 2급-10.jpg : Bevel and Emboss(경사와 엠보스), Opacity(불투명도)(80%)
③ 2급-11.jpg : 레이어 스타일 - Inner Shadow(내부 그림자)
④ 2급-12.jpg : 레이어 스타일 - Drop Shadow(그림자 효과)
⑤ 2급-13.jpg : 필터 - Film Grain(필름 그레인)
⑥ 그 외《출력형태》참조

2. 문자 효과

① TRIP TO EUROPE (Arial, Bold, 48pt, #999999, 레이어 스타일 - Outer Glow(외부 광선), Bevel and Emboss(경사와 엠보스))
② 유럽 여행 박람회 (돋움, 20pt, #000066, 레이어 스타일 - Stroke(선/획)(2px, #ffffff))
③ 기간 : 9월 1일 ~ 9월 15일 (돋움, 20pt, #ff0000, 레이어 스타일 - Stroke(선/획)(2px, #ffffcc))

《출력형태》

Shape Tool(모양 도구) 사용
#ffffff, 레이어 스타일 -
Drop Shadow(그림자 효과)

Shape Tool(모양 도구) 사용
레이어 스타일 - Inner Shadow(내부 그림자),
Stroke(선/획)(3px, #66cccc)

Shape Tool(모양 도구) 사용
#ff9999, 레이어 스타일 -
Inner Glow(내부 광선)

최신기출문제
제 04 회
GTQ(그래픽기술자격)-(S/W:포토샵)

급수	문제유형	시험시간	수험번호	성 명
2급	D	90분		

수험자 유의사항

- 수험자는 문제지를 받는 즉시 응시하고자 하는 **과목 및 급수가 맞는지 확인**한 후 수험번호와 성명을 작성합니다.
- 파일명은 본인의 "수험번호-성명-문제번호"로 공백 없이 정확히 입력하고 답안폴더(내문서₩GTQ 또는 라이브러리₩문서₩GTQ)에 jpg 파일과 psd 파일의 2가지 포맷으로 저장해야 하며, jpg 파일과 psd 파일의 내용이 상이할 경우 0점 처리됩니다. 답안문서 파일명이 "수험번호-성명-문제번호"와 일치하지 않거나, 답안 파일을 전송하지 않아 미제출로 처리될 경우 불합격 처리됩니다.
- 문제의 세부조건은 '영문(한글)' 형식으로 표기되어 있으니 유의하시기 바랍니다.
- 수험자 정보와 저장한 파일명, 저장 위치가 다를 경우 전송이 되지 않으므로, 주의하시기 바랍니다.
- 답안 작성 중에도 **주기적으로 '저장'과 '답안 전송'**을 이용하여 감독위원 PC로 답안을 전송하셔야 합니다.
  (※ **작업한 내용을 저장하지 않고 전송할 경우** 이전의 저장내용이 전송되오니 이점 반드시 유념하시기 바랍니다.)
- 답안문서를 지정된 경로 외의 다른 보조기억장치에 저장하는 행위, 지정된 시험 시간 외에 작성된 파일을 활용한 행위, 기타 통신수단(이메일, 메신저, 네트워크 등)을 이용하여 타인에게 전달 또는 외부 반출하는 행위는 부정으로 간주되어 **자격기본법 제32조에 의거 본 시험 및 국가공인 자격시험을 2년간 응시할 수 없습니다.**
- 시험 중 부주의 또는 고의로 시스템을 파손한 경우와 〈수험자 유의사항〉에 기재된 방법대로 이행하지 않아 생기는 불이익은 수험자의 책임임을 알려드립니다.
- 시험을 완료한 수험자는 최종적으로 저장한 답안 파일이 전송되었는지 확인한 후 감독위원의 지시에 따라 문제지를 제출하고 퇴실합니다.

답안 작성요령

- 온라인 답안 작성 절차
  수험자 등록 ⇒ 시험 시작 ⇒ 답안 파일 저장 ⇒ 답안 전송 ⇒ 시험 종료
- 내문서₩GTQ₩Image폴더에 있는 그림 원본파일을 사용하여 답안을 작성하시고 최종답안을 답안폴더(내문서₩GTQ)에 저장하여 답안을 전송하시고, 이미지의 크기가 다른 경우 감점 처리됩니다.
- 배점은 총 100점으로 이루어지며, 점수는 각 문제별로 차등 배분됩니다.
- 각 문제는 주어진 〈조건〉에 따라 작성하고, 언급하지 않은 조건은 《출력형태》와 같이 작성합니다.
- 배치 등의 편의를 위해 주어진 눈금자의 단위는 '픽셀'입니다.
  그 외는 출력형태(효과, 이미지, 문자, 색상, 레이아웃, 규격 등)와 같게 작업하십시오.
- 문제 조건에 서체의 지정이 없을 경우 한글은 굴림이나 돋움, 영문은 Arial로 작업하십시오.
  (단, 그 외에 제시되지 않은 문자 속성을 기본값으로 작성하지 않은 경우는 감점 처리됩니다.)
- Image Mode(이미지 모드)는 별도의 처리조건이 없을 경우에는 RGB(8비트)로 작업하십시오.
- 모든 답안파일은 해상도 72 pixels/inch로 작업하십시오.
- Layer(레이어)는 각 기능별로 분할해야 하며, 임의로 합칠 경우나 각 기능에 대한 속성을 해지할 경우 해당 요소는 0점 처리됩니다.

문제 1 [기능평가] Tool(도구) 활용 20점

※ 다음의 《조건》에 따라 아래의 《출력형태》와 같이 작업하시오.

《조건》

원본 이미지	내문서₩GTQ₩Image₩2급-1.jpg		
파일 저장 규칙	JPG	파일명	내문서₩GTQ₩수험번호-성명-1.jpg
		크기	400 × 500 pixels
	PSD	파일명	내문서₩GTQ₩수험번호-성명-1.psd
		크기	40 × 50 pixels

1. 그림 효과
   ① 복제 및 변형 : 빵
   ② Shape Tool(모양 도구) 사용 :
      - 카트 모양 (#006666, #ff3300,
        레이어 스타일 - Drop Shadow(그림자 효과))
      - 얼룩 모양 (#ccff33,
        레이어 스타일 - Bevel and Emboss(경사와 엠보스))

2. 문자 효과
   ① Pretzel (Arial, Bold, 65pt, 레이어 스타일 -
      그라디언트 오버레이(#ff99ff, #0066cc))

《출력형태》

문제 2 [기능평가] 사진편집 기초 20점

※ 다음의 《조건》에 따라 아래의 《출력형태》와 같이 작업하시오.

《조건》

원본 이미지	내문서₩GTQ₩Image₩2급-2.jpg, 2급-3.jpg, 2급-4.jpg		
파일 저장 규칙	JPG	파일명	내문서₩GTQ₩수험번호-성명-2.jpg
		크기	400 × 500 pixels
	PSD	파일명	내문서₩GTQ₩수험번호-성명-2.psd
		크기	40 × 50 pixels

1. 그림 효과
   ① 색상 보정 : 2급-3.jpg - 보라색 계열로 보정,
      레이어 스타일 - Drop Shadow(그림자 효과)
   ② 액자 제작 :
      필터 - Mosaic Tiles(모자이크 타일),
      안쪽 테두리 (5px, #663399),
      레이어 스타일 - Drop Shadow(그림자 효과)
   ③ 2급-4.jpg : 레이어 스타일 - Drop Shadow(그림자 효과)

2. 문자 효과
   ① 한가로운 오후 커피와 도넛 (바탕, 30pt, #333366,
      레이어 스타일 - Stroke(선/획)(3px, #ffffff))

《출력형태》

문제 3 [기능평가] 사진편집   25점

※ 다음의 《조건》에 따라 아래의 《출력형태》와 같이 작업하시오.

《조건》

원본 이미지		내문서₩GTQ₩Image₩2급-5.jpg, 2급-6.jpg, 2급-7.jpg, 2급-8.jpg
파일 저장 규칙	JPG 파일명	내문서₩GTQ₩수험번호-성명-3.jpg
	크기	600 × 400 pixels
	PSD 파일명	내문서₩GTQ₩수험번호-성명-3.psd
	크기	60 × 40 pixels

1. 그림 효과

① 배경 : #999966
② 2급-5.jpg : 필터 - Texturizer(텍스처화), 레이어 마스크 - 가로 방향으로 흐릿하게
③ 2급-6.jpg : 레이어 스타일 - Bevel and Emboss(경사와 엠보스)
④ 2급-7.jpg : 레이어 스타일 - Drop Shadow(그림자 효과)
⑤ 2급-8.jpg : 레이어 스타일 - Drop Shadow(그림자 효과)
⑥ 그 외 《출력형태》 참조

2. 문자 효과

① 빵 만들기 체험교실 (바탕, 35pt, #ff9900, 레이어 스타일 - Drop Shadow(그림자 효과), Stroke(선/획)(2px, #996666))
② BAKING CLASS (Arial, Bold, 40pt, 레이어 스타일 - 그라디언트 오버레이(#ffffff, #00cccc), Stroke(선/획)(3px, #006633))

《출력형태》

Shape Tool(모양 도구) 사용
레이어 스타일 - 그라디언트 오버레이
(#660000, #ffff99), Outer Glow(외부 광선)

Shape Tool(모양 도구) 사용
#669999, 레이어 스타일 -
Inner Shadow(내부 그림자)

문제 4 [실무응용] 이벤트 페이지 제작 35점

※ 다음의 《조건》에 따라 아래의 《출력형태》와 같이 작업하시오.

《조건》

원본 이미지			내문서₩GTQ₩Image₩2급-9.jpg, 2급-10.jpg, 2급-11.jpg, 2급-12.jpg, 2급-13.jpg
파일 저장 규칙	JPG	파일명	내문서₩GTQ₩수험번호-성명-4.jpg
		크기	600 × 400 pixels
	PSD	파일명	내문서₩GTQ₩수험번호-성명-4.psd
		크기	60 × 40 pixels

1. 그림 효과

① 2급-9.jpg : 필터 - Poster Edges(포스터 가장자리)
② 2급-10.jpg : 레이어 스타일 - Outer Glow(외부 광선), Bevel and Emboss(경사와 엠보스)
③ 2급-11.jpg : 레이어 스타일 - Drop Shadow(그림자 효과)
④ 2급-12.jpg : 필터 - Texturizer(텍스처화)
⑤ 2급-13.jpg : 레이어 스타일 - Inner Shadow(내부 그림자), Opacity(불투명도)(70%)
⑥ 그 외《출력형태》참조

2. 문자 효과

① With Bread (Arial, Italic, 48pt, #ffffff, 레이어 스타일 - Drop Shadow(그림자 효과), Stroke(선/획)(3px, #993333))
② 빵을 즐길 수 있는 곳! (돋움, 30pt, #333366, 레이어 스타일 - Stroke(선/획)(3px, #ffffff))
③ 신선한 재료로 만드는 빵 (궁서, 20pt, #000000, 레이어 스타일 - Outer Glow(외부 광선))

《출력형태》

Shape Tool(모양 도구) 사용
#66cc66, 레이어 스타일 - Inner Glow(내부 광선),
Opacity(불투명도)(70%)

Shape Tool(모양 도구) 사용
레이어 스타일 - Stroke(선/획)
(4px, 그라디언트 #99cc66, #ffffff),
Drop Shadow(그림자 효과)

Shape Tool(모양 도구) 사용
#ffffff, 레이어 스타일 -
Drop Shadow(그림자 효과),
Opacity(불투명도)(60%)

최신기출문제
GTQ(그래픽기술자격)-(S/W:포토샵)

급수	문제유형	시험시간	수험번호	성 명
2급	E	90분		

수험자 유의사항

- 수험자는 문제지를 받는 즉시 응시하고자 하는 **과목 및 급수가 맞는지 확인**한 후 수험번호와 성명을 작성합니다.
- 파일명은 본인의 "수험번호-성명-문제번호"로 공백 없이 정확히 입력하고 답안폴더(내문서\GTQ 또는 라이브러리\문서\GTQ)에 jpg 파일과 psd 파일의 2가지 포맷으로 저장해야 하며, jpg 파일과 psd 파일의 내용이 상이할 경우 0점 처리됩니다. 답안문서 파일명이 "수험번호-성명-문제번호"와 일치하지 않거나, 답안 파일을 전송하지 않아 미제출로 처리될 경우 불합격 처리됩니다.
- 문제의 세부조건은 '영문(한글)' 형식으로 표기되어 있으니 유의하시기 바랍니다.
- 수험자 정보와 저장한 파일명, 저장 위치가 다를 경우 전송이 되지 않으므로, 주의하시기 바랍니다.
- 답안 작성 중에도 **주기적으로 '저장'과 '답안 전송'**을 이용하여 감독위원 PC로 답안을 전송하셔야 합니다.
  (※ 작업한 내용을 저장하지 않고 전송할 경우 이전의 저장내용이 전송되오니 이점 반드시 유념하시기 바랍니다.)
- 답안문서를 지정된 경로 외의 다른 보조기억장치에 저장하는 행위, 지정된 시험 시간 외에 작성된 파일을 활용한 행위, 기타 통신수단(이메일, 메신저, 네트워크 등)을 이용하여 타인에게 전달 또는 외부 반출하는 행위는 부정으로 간주되어 **자격기본법 제32조에 의거 본 시험 및 국가공인 자격시험을 2년간 응시할 수 없습니다.**
- 시험 중 부주의 또는 고의로 시스템을 파손한 경우와 〈수험자 유의사항〉에 기재된 방법대로 이행하지 않아 생기는 불이익은 수험자의 책임임을 알려드립니다.
- 시험을 완료한 수험자는 최종적으로 저장한 답안 파일이 전송되었는지 확인한 후 감독위원의 지시에 따라 문제지를 제출하고 퇴실합니다.

답안 작성요령

- 온라인 답안 작성 절차
  수험자 등록 ⇒ 시험 시작 ⇒ 답안 파일 저장 ⇒ 답안 전송 ⇒ 시험 종료
- 내문서\GTQ\Image폴더에 있는 그림 원본파일을 사용하여 답안을 작성하시고 최종답안을 답안폴더(내문서\GTQ)에 저장하여 답안을 전송하시고, 이미지의 크기가 다른 경우 감점 처리됩니다.
- 배점은 총 100점으로 이루어지며, 점수는 각 문제별로 차등 배분됩니다.
- 각 문제는 주어진 〈조건〉에 따라 작성하고, 언급하지 않은 조건은 《출력형태》와 같이 작성합니다.
- 배치 등의 편의를 위해 주어진 눈금자의 단위는 '픽셀'입니다.
  그 외는 출력형태(효과, 이미지, 문자, 색상, 레이아웃, 규격 등)와 같게 작업하십시오.
- 문제 조건에 서체의 지정이 없을 경우 한글은 굴림이나 돋움, 영문은 Arial로 작업하십시오.
  (단, 그 외에 제시되지 않은 문자 속성을 기본값으로 작성하지 않은 경우는 감점 처리됩니다.)
- Image Mode(이미지 모드)는 별도의 처리조건이 없을 경우에는 RGB(8비트)로 작업하십시오.
- 모든 답안파일은 해상도 72 pixels/inch로 작업하십시오.
- Layer(레이어)는 각 기능별로 분할해야 하며, 임의로 합칠 경우나 각 기능에 대한 속성을 해지할 경우 해당 요소는 0점 처리됩니다.

문제 1 [기능평가] Tool(도구) 활용   20점

※ 다음의 《조건》에 따라 아래의 《출력형태》와 같이 작업하시오.

《조건》

원본 이미지	내문서\GTQ\Image\2급-1.jpg		
파일 저장 규칙	JPG	파일명	내문서\GTQ\수험번호-성명-1.jpg
		크기	400 × 500 pixels
	PSD	파일명	내문서\GTQ\수험번호-성명-1.psd
		크기	40 × 50 pixels

1. 그림 효과
   ① 복제 및 변형 : 나팔꽃
   ② Shape Tool(모양 도구) 사용 :
      - 꽃 모양 (#ff0000, #ffcccc,
        레이어 스타일 - Inner Glow(내부 광선))
      - 나뭇잎 모양 (레이어 스타일 - 그라디언트 오버레이
        (#ffffff, #99ff00), Drop Shadow(그림자 효과))

2. 문자 효과
   ① Morning glory (Arial, Bold, 48pt, #cc00ff,
      레이어 스타일 - Stroke(선/획)(2px, #ffffff))

《출력형태》

문제 2 [기능평가] 사진편집 기초   20점

※ 다음의 《조건》에 따라 아래의 《출력형태》와 같이 작업하시오.

《조건》

원본 이미지	내문서\GTQ\Image\2급-2.jpg, 2급-3.jpg, 2급-4.jpg		
파일 저장 규칙	JPG	파일명	내문서\GTQ\수험번호-성명-2.jpg
		크기	400 × 500 pixels
	PSD	파일명	내문서\GTQ\수험번호-성명-2.psd
		크기	40 × 50 pixels

1. 그림 효과
   ① 색상 보정 : 2급-3.jpg - 보라색 계열로 보정,
      레이어 스타일 - Outer Glow(외부 광선)
   ② 액자 제작 :
      필터 - Mosaic Tiles(모자이크 타일)
      안쪽 테두리 (5px, #ffffff),
      레이어 스타일 - Drop Shadow(그림자 효과)
   ③ 2급-4.jpg : 레이어 스타일 - Drop Shadow(그림자 효과)

2. 문자 효과
   ① 알록달록 튤립 (궁서, 30pt, #660099,
      레이어 스타일 - Stroke(선/획)(3px, #ffffff),
      Drop Shadow(그림자 효과))

《출력형태》

문제 3 [기능평가] 사진편집 25점

※ 다음의 《조건》에 따라 아래의 《출력형태》와 같이 작업하시오.

《조건》

원본 이미지		내문서₩GTQ₩Image₩2급-5.jpg, 2급-6.jpg, 2급-7.jpg, 2급-8.jpg
파일 저장 규칙	JPG	파일명: 내문서₩GTQ₩수험번호-성명-3.jpg
		크기: 600 × 400 pixels
	PSD	파일명: 내문서₩GTQ₩수험번호-성명-3.psd
		크기: 60 × 40 pixels

1. 그림 효과

① 배경 : #99cc99
② 2급-5.jpg : 필터 - Crosshatch(그물눈), 레이어 마스크 - 가로 방향으로 흐릿하게
③ 2급-6.jpg : Opacity(불투명도)(70%)
④ 2급-7.jpg : 레이어 스타일 - Bevel and Emboss(경사와 엠보스)
⑤ 2급-8.jpg : 레이어 스타일 - Inner Glow(내부 광선)
⑥ 그 외《출력형태》 참조

2. 문자 효과

① 꽃내음 가득한 정원 (돋움, 60pt, 레이어 스타일 - 그라디언트 오버레이(#ffcc66, #ff33ff), Stroke(선/획)(2px, #ffffff), Drop Shadow(그림자 효과))
② Botanic Garden Open (돋움, 18pt, #ffffff, 레이어 스타일 - Stroke(선/획)(2px, #330066))

《출력형태》

Shape Tool(모양 도구) 사용
#ffffff, #ffff00,
레이어 스타일 -
Outer Glow(외부 광선)

Shape Tool(모양 도구) 사용
레이어 스타일 -
그라디언트 오버레이(#ffffff, #cc3399),
Drop Shadow(그림자 효과)

문제 4 [실무응용] 이벤트 페이지 제작 35점

※ 다음의 《조건》에 따라 아래의 《출력형태》와 같이 작업하시오.

《조건》

원본 이미지	내문서₩GTQ₩Image₩2급-9.jpg, 2급-10.jpg, 2급-11.jpg, 2급-12.jpg, 2급-13.jpg		
파일 저장 규칙	JPG	파일명	내문서₩GTQ₩수험번호-성명-4.jpg
		크기	600 × 400 pixels
	PSD	파일명	내문서₩GTQ₩수험번호-성명-4.psd
		크기	60 × 40 pixels

1. 그림 효과

① 2급-9.jpg : 필터 - Facet(단면화)
② 2급-10.jpg : 필터 - Paint Daubs(페인트 덥스/페인트 바르기), 레이어 마스크 - 대각선 방향으로 흐릿하게
③ 2급-11.jpg : 레이어 스타일 - Inner Shadow(내부 그림자), Drop Shadow(그림자 효과)
④ 2급-12.jpg : 필터 - Dry Brush(드라이 브러쉬)
⑤ 2급-13.jpg : 레이어 스타일 - Bevel and Emboss(경사와 엠보스), Stroke(선/획)(5px, #ffcccc)
⑥ 그 외 《출력형태》 참조

2. 문자 효과

① 다채로운 꽃꽂이와 원예 작품 감상 (돋움, 15pt, #ffffff, 레이어 스타일 - Stroke(선/획)(2px, #003399))
② Flower & Garden Show (Arial, Bold, 42pt, 레이어 스타일 - 그라디언트 오버레이(#33cc00, #ff3333), Stroke(선/획)(4px, #ffffff))
③ 입장 시간 : 오전 10시~오후 4시 (돋움, 18pt, #ffffff, 레이어 스타일 - Stroke(선/획)(2px, #009999), Drop Shadow(그림자 효과))

《출력형태》

Shape Tool(모양 도구) 사용
레이어 스타일 -
Stroke(선/획)(5px, #cc0099),
Inner Shadow(내부 그림자)

Shape Tool(모양 도구) 사용
#ffffff, 레이어 스타일 -
Stroke(선/획)(2px, #009999, ff9933),
Drop Shadow(그림자 효과)

Shape Tool(모양 도구) 사용
#ffffff, 레이어 스타일 - Drop Shadow(그림자 효과),
Opacity(불투명도)(60%)

이미지 출처

최신 1회 2급-2 저작권자 : Korea.net / 한국 문화 정보 서비스

최신 2회 2급-1
https://commons.wikimedia.org/wiki/File:Jard%C3%ADn_Mus%C3%A9e_Rodin_Pensador_03.JPG

최신 2회 2급-4
http://www.freeqration.com/image/%EB%B9%84%EC%A6%88%EB%8B%88%EC%8A%A4-%EC%86%90-%EB%82%A8%EC%9E%90-%ED%96%89%EB%B3%B5-%EC%82%AC%EB%9E%8C-%EC%82%AC%EC%9D%B8-photos-1701326